Münsterschwarzacher Kleinschriften

herausgegeben von den Mönchen
der Abtei Münsterschwarzach

Band 6

Anselm Grün

Der Umgang mit dem Bösen

Der Dämonenkampf im alten Mönchtum

VIER TÜRME

Bibliographische Information der Deutschen Nationalbibliothek

Die Deutsche Nationalbibliothek verzeichnet diese Publikation
in der Deutschen Nationalbibliographie; detaillierte Informatio-
nen sind im Internet über http://dnb.d-nb.de abrufbar.

in Deutschland produziert

Ohne Folie
Für unsere Umwelt

19. Auflage 2024
© Vier-Türme GmbH, Verlag, Münsterschwarzach 1979/2002
Alle Rechte vorbehalten

Umschlag: Morian & Bayer-Eynck, www.mbedesign.de

ISBN 978-3-87868-123-6
ISSN 0171-6360

www.vier-tuerme-verlag.de

Inhalt

Vorwort zur Neuauflage

Ganz gleich, über welches Thema ich einen Vortrag halte, fast immer kommt im Gespräch die Frage nach dem Bösen auf mich zu. Woher kommt das Böse? Wie kann Gott das Böse zulassen? Oder manchmal werde ich auch kritisiert, ich hätte gar nicht vom Teufel gesprochen, mein Bild von Gott und vom Menschen sei zu positiv, da fehle das Böse. Offensichtlich bewegt die Menschen die Frage des Bösen. Ich muss dann immer wieder bekennen, dass das Böse ein Geheimnis ist, das man nicht ergründen kann, ähnlich wie man das Geheimnis Gottes nicht erklären kann. Die Theologie spricht vom »mysterium iniquitatis«, »vom Geheimnis des Bösen«. Immer wieder werde ich auch zu Vorträgen über das Böse eingeladen, so etwa von der Internationalen Pädagogischen Werktagung in Salzburg, die sich 1998 eine Woche lang mit dem Bösen in der Erziehung beschäftigte.

»Der Umgang mit dem Bösen« ist nicht mein Lieblingsthema. Das liegt vor allem an zwei Erfahrungen. Die erste Erfahrung machte ich als ich einmal in München einen Vortrag über das Thema des Bösen hielt. Als ich nach dem Vortrag nach meinem Autoschlüssel suchte, um wieder heimzufahren, war er verschwunden. Es war wie verhext. Ich konnte mir nicht vorstellen, wo er hingeraten war. Auf jeden Fall musste ich in München übernachten. Die Leiterin des evangelischen Forums, in dem mein Vortrag stattfand, meinte, das hänge halt mit dem Thema zusammen. Wenn man über das Böse spricht, holt es einen ein. Daher möchte ich mich nicht ständig mit dem Bösen beschäftigen.

Die andere Erfahrung waren die vielen Anrufe von Menschen, die mich baten, sie vom Bösen zu befreien, durch Gebet oder Exorzismus den Teufel aus ihnen auszutreiben. Ich hatte in »Der Umgang mit dem Bösen« ganz bewusst betont, dass es nicht um Dämonenaustreibung gehe, sondern um die Erfahrungen, die die Mönche im Umgang mit den Dämonen, mit ihren negativen Gedanken und Leidenschaften gemacht haben. Aber bei vielen Lesern sind nur die Begriffe »Dämon« und »Teufel« hängengeblieben. Darüber hinaus spürte ich, dass manche Anrufer mir die Verantwortung für ihre Probleme zuschieben wollten. Sie wollten sich nicht ihrem Problem stellen, sondern mich als Heiler benutzen, dass ich ihnen durch Gebet alles Böse wegnehme. Doch solch eine Flucht vor der eigenen Seele mit ihren finsteren Abgründen führt sicher nicht zur Befreiung vom Bösen. Im Gegenteil, man bleibt weiterhin im Destruktiven gefangen.

Die Menschen beschäftigen sich mit dem Thema des Bösen. Es lässt sie nicht los. Wir Theologen dürfen daher nicht daran vorbeigehen. Denn die Menschen begegnen auch heute dem Bösen. Sie sind verwirrt, wenn sie in der Zeitung von Menschen lesen, die so gefühllos geworden sind, dass sie ohne Gewissensbisse einen anderen grausam ermorden. Und sie erschrecken, wenn ein als freundlich und schüchtern geltender junger Mann auf einmal ein Mädchen vergewaltigt und umbringt. Wie kann das Böse in so einen sonst doch anständigen Jungen fahren? War das Böse schon in ihm? Woher kommt das Böse? Ist das allein aus seiner Erziehung erklärbar?

Die Psychologie erklärt das Böse aus der Lebensgeschichte. Es entsteht durch übermäßige Versagungen der Triebbedürfnisse, so sagt Sigmund Freud. Ein ungerecht behandeltes Kind überträgt als Erwachsener den Groll und die Rachsucht, die eigentlich den Eltern gilt, auf andere Menschen. Er rächt sich an ihnen und tut ihnen Böses an. Für John Bradshaw entsteht das Böse aus den Verletzungen in der Kindheit. Wenn wir die Verletzungen nicht aufarbeiten, sind wir dazu verdammt, entweder uns selbst oder andere zu verletzen. Für Albert Görres, den Münchner Psychoanalytiker ist das Böse »meist keine fröhliche Bosheit aus vollem Herzen, kein Genuss ohne Reue, sondern eine gequälte, zwanghafte und suchthafte oder angst- und triebgejagte, eine leidvolle Reaktion auf unerträgliche Verwundungen und Entbehrungen.«[1] Die Psychologie sucht also die Ursache des Bösen in der Vergangenheit. Sie möchte die Verletzungen der Vergangenheit anschauen und bearbeiten, damit sie nicht weiterhin Böses zeugen.

Die Mönche kümmern sich nicht um die Entstehungsgeschichte des Bösen in der Kindheit. Sie beschreiben das Böse als etwas Gegenwärtiges, als Angriff der Dämonen. Die Mönche versuchen das Böse so, wie es sie jetzt anfällt, anzuschauen, seine Strukturen und Verhaltensweisen zu verstehen, um jetzt im Augenblick besser mit ihm umgehen zu können. Das ist durchaus ein wichtiger Aspekt im Umgang mit dem Bösen. Es besteht heute auch die Gefahr, dass wir die Erklärung immer nur in der Vergangenheit suchen, anstatt uns dem zu stellen, was uns gerade bewegt. Manche versuchen mit ihrer verletzten Lebensgeschichte das Böse zu entschuldigen, das sie jetzt tun. Sie übernehmen nicht die Verantwortung für ihr Leben und ihr Verhalten. Die Mönche laden uns ein, uns der gegenwärtigen Herausforderung zu stellen, jetzt den Kampf zu wagen und nicht auf die Nebenkampfplätze der Vergangenheit auszuweichen.

Ich spreche in dem Buch von der Achtlasterlehre. Das würde ich heute anders sehen. Evagrius spricht zwar in den meisten Schriften von acht »logismoi«, aber in einem Buch zählt er neun *logismoi* auf und kommt damit dem Enneagramm sehr nahe, der Lehre von den neun Typen der Seele.[2] Das Enneagramm kennt ja auch neun Grundgefährdungen des Menschen und neun Typen. Jeder der neun Typen hat eine eigene Wurzelsünde, aber er hat auch eine eigene Chance. So ähnlich sieht es auch Evagrius. Die neun logismoi sind nicht einfach Laster oder Sünden. Sie sind gefühlsbetonte Gedanken oder Leidenschaften.

In der Leidenschaft steckt eine Kraft. Diese Kraft kann den Menschen beherrschen. Dann hat ihn der Dämon im Griff. Ich kann diese Kraft jedoch auch für mein Lebenskonzept fruchtbar machen. Dann wird sie zu einer Quelle der Energie, die mich antreibt auf meinem Weg zu Gott. Die *logismoi* sind nicht einfach böse. Aber sie können böse werden, wenn ich nicht angemessen mit ihnen umgehe. Je mehr ich die Leidenschaften unterdrücke, desto stärker werden sie. Je mehr ich gegen etwas kämpfe, desto größer wird die Kraft, die mir entgegen kommt.

Das klingt für manchen Leser vielleicht zu harmlos, wenn er an das Böse denkt, das etwa im Dritten Reich oder jetzt in den Konflikten auf dem Balkan oder in Israel zu Tage tritt. Es ist wie ein Sog des Bösen, der alles mit sich reißt. Doch wenn wir genau hinschauen, entdecken wir zu Beginn der bösen Macht entweder eine Verletzung in der Kindheit oder eine unangemessene und verhängnisvolle Einstellung zu unserer menschlichen Existenz. Bei Hitler ist die Wurzel des Bösen sicher das Erniedrigtwerden und Geschlagenwerden durch seinen Vater.[3] Hitler hat letztlich den Hass für seinen Vater an den Juden ausagiert. Wenn er sie entwürdigt und getötet hat, wollte er sich damit letztlich an seinem Vater rächen. Man spürt, wie stark der Sog des Bösen werden kann, wenn einer sich weigert, seine eigene Geschichte anzuschauen und sich mit ihr zu versöhnen. In der Sprache der Mönche wäre der Dämon, der Hitler beherrscht hat, der Dämon der Hybris. Weil Hitler an seinem Idealbild eines Übermenschen festgehalten hat, musste er alle Seiten, die diesem Bild nicht entsprachen, auf andere projizieren und es bei ihnen bekämpfen. Er hat alles Dunkle auf die Juden projiziert. Projektion scheint ein harmloser Mechanismus zu sein. Aber sie macht blind und lässt uns im Unbewussten. Und dieses Verfangen sein im eigenen chaotischen Unbewussten kann eine Lawine des Bösen lostreten, die all das Dunkle und Verdrängte in anderen Menschen mit sich reißt und die ganze Welt damit überschwemmt und zugrunde richtet. Da ist das Böse dann nicht mehr die Frage freier Entscheidung. Es ist wie ein Sog. Solche Erfahrungen hatten die Mönche im Blick, wenn sie von den Dämonen sprachen.

Die Mönche waren aber keine Pessimisten, die ständig um das Böse gekreist sind. Ich halte mich oft von Menschen fern, die ständig vom Teufel reden. Ich habe den Eindruck, dass ihre Seele so sehr vom Destruktiven bestimmt ist, dass sie überall den Teufel an die Wand malen müssen. Das ist oft genug krankhaft. Die Mönche gehen realistisch mit dem Bösen um. Und im Grunde sind sie Optimisten. Denn sie glauben, dass wir in der Kraft Jesu Christi die Dämonen erkennen, mit ihnen kämpfen und sie besiegen können. Es geht ihnen um die Verwandlung des Bösen, damit es uns nicht mehr schaden kann.

Für mich ist das schönste Bild für die Verwandlung des Bösen das Gleichnis, das Jesus in Lukas 14,31f erzählt hat: »Wenn ein König gegen einen anderen in den Krieg zieht, setzt er sich dann nicht zuerst hin und überlegt, ob er sich mit seinen zehntausend Mann dem entgegenstellen kann, der mit zwanzigtausend gegen ihn anrückt? Kann er es nicht, dann schickt er eine Gesandtschaft, solange der andere noch weit weg ist, und bittet um Frieden.«

Wenn wir frontal gegen das Böse kämpfen, reiben wir uns auf. Wir müssen mit dem Feind Frieden schließen, dann werden aus Feinden Freunde, dann haben wir statt 10.000 Soldaten auf einmal 30.000. Unsere inneren Möglichkeiten haben sich vermehrt. Unser Land, unser Horizont ist weiter geworden. Wer dagegen meint, wir seien die allein Guten und die Feinde seien die Bösen, der merkt gar nicht, wie sich in sein Gutes Böses mischt, wie unduldsam und hart er gegen Andersdenkende wird. Und er wird sich in seinem Kampf aufreiben. Die Mönche geben uns Methoden an, wie wir uns in der Auseinandersetzung mit dem Bösen nicht aufreiben, sondern reifer und stärker werden, zugleich aber demütiger und bescheidener. Wer sich auf den Weg der Mönche einlässt, der lernt sich in allen Höhen und Tiefen kennen, dem ist nichts Menschliches mehr fremd. Aber der wird auch voll Vertrauen seinen Weg gehen, ohne Angst vor dem Bösen, sondern in der Gewissheit, dass er mit Christus und in Christus das Böse zu überwinden und zu verwandeln vermag.

Wir können das Böse nicht aus der Welt schaffen, wir müssen es entmachten, indem wir uns damit aussöhnen und in angemessener Weise damit umgehen. Das Kriegerische, das teilt und entzweit, muss ersetzt werden durch das Versöhnende, das ganz macht. Ich möchte den Umgang mit dem Bösen, wie die Mönche ihn beschrieben haben, zusammenfassen in dem Wort eines heutigen Psychologen, der aus der Jungschen Tradition kommt. Es ist Andrew Bard Schmookler. Er schreibt:

Das Gute wird nicht die Welt regieren, wenn es das Böse besiegt hat, sondern wenn unsere Liebe zum Guten sich nicht mehr als Triumph über das Böse verwirklichen möchte. Der Frieden, sollte er kommen, wird nicht von Menschen geschaffen, die Heilige aus sich gemacht haben, sondern von Menschen, die demütig ihre Sündhaftigkeit angenommen haben.[4]

Anselm Grün am Fest Epiphanie 2001

Einleitung

Von den ersten Mönchen wird immer wieder berichtet, dass sie mit Dämonen zu kämpfen hatten. Wir brauchen nur einen Blick in die Lebensbeschreibung es heiligen Antonius durch Athanasius zu werfen, um zu sehen, wie Antonius auf Schritt und Tritt von Dämonen belästigt und angefochten wird. Als Antonius gar beschließt, in die Wüste zu gehen, die als das Reich der Dämonen galt, da versuchen sie mit aller Gewalt ihn von diesem Beschluss abzuhalten und ihn wieder aus der Wüste zu vertreiben: »Gehe weg aus unserem Reich! Was hast du in der Wüste zu schaffen?« (Ant 13) Antonius ging in die Wüste, um allein Gott zu leben und sich für ihn zu öffnen. Doch der Weg in die Einsamkeit führt ihn nicht nur in die Nähe Gottes, sondern genauso in die Nähe des Bösen. Das Böse tritt nun offen an ihn heran. Und seine Einsamkeit entpuppt sich als unangenehme Zweisamkeit mit dem Bösen. Und Antonius muss den Kampf mit dem Bösen aufnehmen, damit sein Weg in die Wüste ihm nicht zum Verhängnis wird, sondern ihn zu Gott führt.

Die Erfahrung des Antonius gilt für das frühe Mönchtum (etwa 3.–6. Jhdt.) als typisch. Die Mönche haben erfahren, dass sie der Weg zu

Gott zunächst in den Kampf mit dunklen Mächten führt. Sie erleben sich hin- und hergerissen zwischen Gott und anderen Kräften, die sie von Gott abhalten wollen. Diese Kräfte, die sie in ihren Wünschen, Trieben, Motivationen und Emotionen am Werk sehen, nennen sie Dämonen. Und sie beschreiben ausführlich die verschiedenen Arten der Dämonen, ihre Techniken und Methoden, den Menschen in ihren Bann zu ziehen. Und sie geben zahlreiche Ratschläge für den Kampf gegen sie. Wir halten uns im Folgenden vor allem an Evagrius Ponticus († 399), den wohl bedeutendsten Mönchsschriftsteller des Ostens. In seinem Traktat Praktikos gibt er Anweisungen, wie der Mönch die Dämonen erkennen und wie er mit ihnen so umgehen kann, dass er zur *apatheia*, zur Leidenschaftslosigkeit gelangt. Evagrius hat einen großen Einfluss auf das alte Mönchtum ausgeübt, vor allem auf Cassian, der das westliche Mönchtum entscheidend mitgeprägt hat. Was Evagrius und was die anderen Mönchsväter, die wir zur Ergänzung heranziehen, beschreiben, das ist mehr als ein Zeugnis vergangener Weltsicht. Es geht den Mönchen um Erfahrungen. Und im Licht ihrer Erfahrungen können wir unsere eigenen neu verstehen und deuten. Vor allem aber können uns ihre Erfahrungen Hoffnung schenken für den Kampf mit den Mächten, mit denen wir uns konfrontiert sehen und die uns innerlich krank zu machen drohen.

Wenn im Folgenden vom Dämonenkampf die Rede ist, so geht es nicht um die Frage, ob es Dämonen gibt oder nicht. Die Diskussion, die in den letzten Jahren um den Exorzismus entbrannt ist, kreist meist allein um die Frage, ob die Dämonen existieren oder nicht. Doch wenn man so fragt, setzt man voraus, dass man schon genau weiß, was Dämonen sind und dass man daher definitiv sagen kann, ob es diese Wesen gibt oder nicht. Man sieht dann in dem Wort Dämon einen fest umrissenen Begriff. In Wirklichkeit aber ist es ein Bild, ein Symbol für eine Wirklichkeit, die man in reinen Begriffen nicht in den Griff bekommen kann. Wichtiger als der Streit um Worte und Begriffe ist daher die Beschreibung des Wirkens der Dämonen, ihrer Technik und der Erscheinungsweisen ihres Auftretens. Die Phänomene, die die alten Mönche beobachtet und in ihrer Sprache beschrieben haben, sind auch von uns heute ernst zu nehmen. Wir würden sie mit unseren psychologischen Begriffen anders benennen. Die Frage bleibt allerdings, welche Sprache die Phänomene letztlich realitätsgerechter beschreibt, die rein wissenschaftliche Sprache der Psychologie, oder eine Sprache, die mit mythologischen Bildern arbeitet und die Wirklichkeit dadurch nicht auf genau Festlegbares einengt, sondern Raum lässt für das Ungreifbare. Eine Sprache, die mit einem ständigen »nichts als« arbeitet, verschließt uns die Wirklichkeit mehr als sie uns zu erschließen. Zu sagen, die Dämonen seien nichts als Gedanken, nichts als Willensneigungen, reduziert die Wirklichkeit für Festlegbares, schon Bekanntes, und hindert uns daran, das Unbekannte weiter zu erforschen.

Wissen wir denn so genau um das Geheimnis der Gedanken und Leidenschaften? Wissen wir, was Emotionen, was Komplexe wirklich sind? Es geht im Folgenden also nicht um den Glauben oder Nichtglauben an Dämonen, sondern es geht um die Phänomene, die von den Mönchen als Dämonen beschrieben werden und mit denen wir uns heute wie damals auseinander zusetzen haben.

I. Die Natur der Dämonen

Die Dämonenlehre der alten Mönche ist eine Lehre der Praxis und nicht der Theorie. Der rechte Umgang mit den Dämonen ist wichtiger als Spekulationen über ihre Natur und ihr Wesen. Dennoch finden sich auch einige Aussagen über ihre Natur. Die Dämonen waren ursprünglich Engel. Doch sie fielen von Gott ab und wurden daher böse. Nun versuchen sie, die Menschen zum Bösen zu verleiten. Evagrius kennt drei Kategorien vernünftiger Wesen: die Engel, die Dämonen und die Menschen. Und diesen drei Wesen ordnet er die drei Seelenkräfte zu, den *nous* (Geist) den Engeln, den *thymos* den Dämonen und die *epithymia* (Begierde) den Menschen. Thymos, das ist der emotionale Teil der Seele, der erregbare Teil, in dem die heftigen Emotionen wie Zorn, Hass und Eifersucht entstehen. Der Dämon ist charakterisiert durch ein Vorherrschen des thymos, den in Erregung und Verwirrung versetzbaren Seelenteil. Der blinde Zorn, der rast und gegen andere wütet, ist für Evagrius ein Bild für das Wesen des Dämons. Einmal identifiziert er sogar den Dämon mit einem vom Zorn aufgewühlten und erregten Menschen:

*Kein Laster lässt den Verstand so zum Dämon wer-
den wie der Zorn, da er den emotionalen Teil der
Seele in Aufruhr versetzt ... Glaube nicht, dass der
Dämon etwas anderes ist als der durch den Zorn
verwirrte Mensch.*[5]

Die alten Mönche schreiben den Dämonen auch
einen Körper zu, allerdings einen wesentlich leich-
teren als den der Menschen. Er besteht hauptsächlich aus Luft. Luft ist auch der Bereich, in dem sich
die Dämonen aufhalten. Sie können sich schneller
bewegen als die Menschen, sie fliegen. Sie sind kalt
wie Eis. Normalerweise sind sie für uns unsicht-
bar, können aber auch bestimmte Erscheinungs-
formen annehmen. Sie können sich jedoch nicht in
einen Körper verwandeln wie die Engel, sondern
nur Formen und Farben eines Körpers nachahmen
und uns so einen menschlichen oder sonstigen Körper vorspiegeln.[6] Sie können uns auch als Stimmen
hörbar werden. Der Berührungspunkt zwischen
dem menschlichen Erkenntnisvermögen und den
Dämonen ist die Phantasie. Die Dämonen rufen in
uns Phantasiebilder hervor, im Schlaf Träume. Da
die Dämonen einen Körper haben, sind sie auch an
körperliche Gegenstände gebunden, durch die sie
auf die Phantasie wirken. Sie rufen Vorstellungen
von sichtbaren Dingen in der menschlichen Seele
hervor und ihrem Wesen als thymos entsprechend
lassen sie diese Vorstellungen von heftigen Emotionen begleitet sein. Häufig nehmen sie unsere Erinnerungen zu Hilfe und erregen dann mit den Bildern der Erinnerung Emotionen, durch die sie uns
in die beabsichtigte Richtung treiben können.

Ihr gewöhnliches Mittel, auf uns zu wirken, sind die schlechten Gedanken. Häufig werden die schlechten Gedanken mit den Dämonen identifiziert, so dass nicht immer erkennbar ist, ob die Gedanken selbst schon die Dämonen sind oder durch die Dämonen hervorgerufen werden. Der Kampf mit den Dämonen vollzieht sich hauptsächlich als Kampf mit den eigenen Gedanken, wobei es immer affektbeladene Gedanken sind, also nie rein intellektuelle. Denn nur die emotional gefärbten Gedanken schreibt Evagrius den Dämonen zu. Er unterscheidet englische, dämonische und rein menschliche Gedanken. Die Gedanken, die die Engel uns eingeben, erforschen an den Dingen, warum sie erschaffen wurden, wozu sie dienen, was ihr Wesen ist und für was sie zum Symbol werden können. Die rein menschlichen Gedanken können nur die Form eines Dinges im Geist abbilden. Die Gedanken, die von den Dämonen stammen, betrachten die Dinge immer mit Leidenschaft und Emotionen. Sie überlegen z.B., wie man die Dinge besitzen könne, welche Vergnügen sie bereiten und ob sie einem Ruhm verschaffen können.[7]

Die Dämonen sind listig, verschlagen, sie lügen und täuschen. Gegenüber den Engeln sind sie unwissend. Sie können nicht in die Seele des Menschen schauen, sondern sind auf sichtbare Verhaltensweisen angewiesen, um den Zustand der menschlichen Seele zu erkennen: auf die Körperhaltung, die Stimme und die Art der Bewegung. Dennoch setzen sie die Menschen oft in Erstaunen, da sie ihnen Ereignisse vorhersagen. Antonius erklärt diese Fähigkeit mit ihrem leichten Körper. Wenn Brüder sich auf den Weg machen, uns zu besuchen, dann überholen sie sie und sagen uns ihre Ankunft voraus. Das ist für Antonius nichts Ungewöhnliches:

Dies könnte einer auch vorher tun, wenn er beritten wäre, da er schneller ist als die Wanderer; man braucht sie also darum nicht anzuschauen. Denn von dem, was noch nicht geschehen ist, wissen sie nichts vorher. Gott allein ist es, der alles weiß, ehe es noch geschehen ist. Die Dämonen aber verkünden wie Diebe, was sie sehen, indem sie vorauslaufen. (Ant 31)

Die Dämonen können einen Menschen so beherrschen, dass er besessen ist. Sie bewirken Krankheiten wie Schizophrenie, Epilepsie, Wahnsinn und Hysterie. Die Mönchsgeschichten beschreiben die verschiedensten Symptome der psychischen Krankheiten, die sie den Dämonen zuschreiben. Ein Mönch isst seinen Kot (Koprophagie), ein anderer kratzt sich selbst und reißt sich Wunden. Andere werden von den Dämonen hin- und hergezerrt, einige in den Selbstmord getrieben.

Untersucht man die Aussagen der Mönche über die Dämonen näher, so erkennt man, dass sie Versuche sind, Phänomene zu erklären. Sie sind keine Definitionen und beanspruchen nicht, genau zu wissen, was nun die Dämonen wirklich sind. Die Mönche beschreiben in ihrer mythologischen Sprache psychische Realitäten. Wenn wir ihren Aussagen nun gegenüberstellen, was C. G. Jung als Psychologe über die Dämonen schreibt, so soll das nicht bedeuten, dass die Dämonen nichts anderes sind als psychische Faktoren. Jung versucht als Empiriker an die gleichen Phänomene heranzugehen, die die Mönche in ihrer Dämonenlehre beschrieben haben. Beide Versuche, sich der Wirklichkeit zu nähern, sollen einfach nebeneinander gesetzt werden, ohne ein Urteil darüber abzugeben, welcher Versuch die Wirklichkeit besser erklärt. Doch vielleicht kann daraus ersichtlich werden, dass die Realität, die wir in wissenschaftlicher oder mythologischer Sprache zu beschreiben versuchen, zwar erahnt werden kann, aber niemals in den Griff zu bekommen ist.

Jung kommt auf die Dämonen im Zusammenhang mit seiner Lehre von den autonomen Komplexen und von der Projektion zu sprechen. Projektion ist »eine unbewusste, d.h. nicht wahrgenommene und unabsichtlich geschehene Hinausverlegung eines subjektiven seelischen Tatbestandes in ein äußeres Objekt.«[8] Indem wir eigene Wünsche oder Emotionen in den anderen verlegen, sehen wir in ihm nicht die Wirklichkeit. Wir lassen uns von den eigenen Projektionen täuschen und uns von ihnen beherrschen. Dieser Sachverhalt wurde von den Alten als Täuschung durch einen Dämon beschrieben. Ähnlich verstand man die Wirkung fremder Projektionen auf uns als dämonisch. Wenn andere ihre Projektionen auf uns werfen, dann üben sie damit eine Macht auf uns aus, der wir uns kaum entziehen können. Die Projektionen sind wie eine Art Projektil, das von einem bösen Menschen auf uns abgeschossen wird und uns krank macht. Marie Louise von Franz, eine Schülerin C. G. Jungs, schreibt von dieser negativen Wirkung fremder Projektionen auf uns:

Sobald ein Mensch ein Stück seines Schattens auf einen anderen Menschen projiziert, wird er zu solchen gehässigen Reden angeregt. Die wie Projektile den anderen treffenden Worte (Pointen, Sticheleien!) symbolisieren den negativen seelischen Energiestrom, den der Projizierende gegen den anderen richtet. Wenn man selber die Zielscheibe der negativen Projektionen eines anderen Menschen wird, empfindet man den Hass des anderen oft beinahe physisch als ein Projektil.[9]

Die eigenen Projektionen täuschen uns und ziehen uns so in ihre Gewalt, fremde Projektionen wirken wie böse Geister von außen auf uns ein.

Die Ursache der Projektionen sind für Jung Komplexe. Den Komplex definiert Jung als

das Bild einer bestimmten psychischen Situation, die lebhaft emotional betont ist und sich zudem als inkompatibel mit der habituellen Bewusstseinslage oder -einstellung erweist. Dieses Bild ist von starker innerer Geschlossenheit, es hat seine eigene Ganzheit und verfügt zudem über einen relativ hohen Grad von Autonomie.[10]

Am Anfang eines Komplexes steht ein gefühlsbetonter Inhalt, ein Inhalt, dessen Erwähnung bei uns heftige Emotionen auslöst, den wir aber aus unserem Bewusstsein verdrängt haben. Ein Komplex versetzt uns »in einen Zustand der Unfreiheit, des Zwangsdenkens und -handelns.«[11]

Er ist relativ autonom. Im Traum treten die Komplexe personifiziert auf. Jung hat daher Verständnis, dass die Dämonen von den Alten als eigenständige Wesen betrachtet wurden. Sie treten uns oft genug wie eigene Personen gegenüber. Für Jung sind es angespannte Teilpsychen, und da sie unbewusst sind, gelingt es ihnen oft, die Herrschaft über das Ich zu erlangen. Jung bezeichnet das dann als Komplexidentität und meint:

Dieser durchaus moderne Begriff hatte im Mittelalter einen anderen Namen: damals hieß er Besessenheit. Man stellt sich diesen Zustand wohl nicht so harmlos vor, aber es ist prinzipiell zwischen einem gewöhnlichen Komplexversprechen und den wilden Blasphemien eines Besessenen kein Unterschied. Es ist nur eine Gradverschiedenheit.[12]

Jung meint sogar, die Alten hätten mit ihrer Auffassung, die störenden Komplexe nicht zu psychologisieren, sondern sie als selbständige Wesen, als Dämonen zu bezeichnen, den Sachverhalt besser getroffen als die modernen Versuche, die Komplexe herunterzuspielen, indem man meint: »Ich habe einen Komplex.« In Wirklichkeit hat der Komplex uns. Den Komplex seiner Autonomie zu entkleiden und ihn als eigene Tätigkeit aufzufassen, entspringt der Angst vor seiner verheerenden Wirkung. Wenn die Alten von Besessenheit reden, so beschreiben sie damit die Wirkung des Komplexes zutreffender. Sie erkennen damit an, dass der Besessene

nicht eigentlich legitim krank ist, sondern unter einem unsichtbaren geistigen Einfluss leidet, des-

sen er auf keinerlei Weise Herr werden kann. Dieses unsichtbare Etwas ist ein sogenannter autonomer Komplex, ein unbewusster Inhalt, welcher dem Griff des bewussten Willens entzogen ist.[13]

Jung unterscheidet zwei verschiedene Komplexe: den Seelenkomplex und den Geistkomplex. Den Seelenkomplex ordnet er dem persönlichen Unbewussten zu. Er entsteht also durch Verdrängung von Inhalten, die aus moralischen oder ästhetischen Gründen vom Mitleben ausgeschlossen worden sind. Der Seelenkomplex sollte vom Menschen integriert werden. Der »Verlust« eines Seelenkomplexes wird als krankhaft erfahren. Der Geistkomplex entsteht, wenn aus dem kollektiven Unbewussten bestimmte Inhalte in das Bewusstsein einbrechen. Den Geistkomplex empfindet der Mensch als fremd, unheimlich und zugleich faszinierend.[14] Sobald man einen solchen Inhalt wieder aus dem Bewusstsein entfernt, fühlt man sich erleichtert. Im Geistkomplex tritt etwas Fremdes auf uns zu, fremde und unerhörte Gedanken befallen einen, die Welt verändert sich, man fühlt sich bedroht, angegriffen.

Beim Geistkomplex bleibt einem keine andere Wahl, als ihn aus dem Bereich des Subjektes zu vertreiben. Die Alten drückten das so aus, dass die Dämonen vertrieben werden müssen.[15] Franz hat die Erfahrung gemacht, dass bei manchen Patienten nichts anderes übrig bleibt, als sich der Konfrontation mit dem inneren Teufel durch Flucht zu entziehen.

Man kann dem Patienten nur raten, sich möglichst
von Bereichen und Situationen, die den Komplex
berühren könnten, fernzuhalten ... Vor gewissen,
dunklen Mächten im eigenen Innern kann man
wirklich nur fliehen oder sie sich sonstwie vom
Leib halten.[16]

Jung sieht eine enge Beziehung zwischen Komplex und Affekt. Er meint, »jeder Affekt hat die Neigung, zu einem autonomen Komplex zu werden, sich von der Hierarchie des Bewusstseins loszutrennen und womöglich das Ich hinter sich herzuschleppen«:[17] Jung erinnert an die Erfahrung, die man macht, wenn man sich zu unvorsichtigen Äußerungen hinreißen lässt. Man sagt dann, »seine Zunge sei mit ihm davongelaufen«, womit offenbar ausgedrückt wird, dass sein Reden zu einem selbständigen Wesen geworden sei, das ihn weggerissen habe und mit ihm davongelaufen sei.[18] Deshalb sei es natürlich, wenn die Alten darin die Tätigkeiten eines Geistes, eines Dämons gesehen hätten. Der Dämon sei das Bild eines selbständigen Affektes – ein personifizierter Affekt.

Geht man von Jungs Darlegungen wieder zurück zu der Dämonenlehre der alten Mönche, so muss man zunächst abgrenzen. Jung behandelt vor allem das Phänomen der Besessenheit, also der Krankheit. Auch die alten Mönche bringen die Besessenheit mit den Dämonen in Zusammenhang. Doch ist sie für sie nicht das wichtigste Phänomen. Jung ist Arzt und als solcher bemüht, Kranke zu heilen. Die Heilung der Besessenen ist aber für die Mönche erst eine Folge des richtigen Umgangs mit den

Dämonen. Für die Mönche geht es im Dämonenkampf um die alltägliche Auseinandersetzung mit
dem Bösen, um das Verhalten in der Anfechtung
und Versuchung. Die Dämonen sind dabei Bilder
für die unbewussten Inhalte, die auf den Menschen
einstürmen und ihn in ihren Bann zu ziehen versuchen. Indem die Mönche die negativen Inhalte des Unbewussten auf den Dämon projizieren,
schaffen sie eine Möglichkeit, damit umzugehen.
Sie setzen das Unbewusste nach außen, benennen
es, und können sich so dagegen wehren. Insofern
ist die Auseinandersetzung mit den Dämonen eine fruchtbare Art, mit dem Unbewussten umzugehen, vor allem mit den Affekten und Emotionen.
Die Projektion von inneren Realitäten auf die Dämonen befreit Dinge und Menschen von der Be-
haftung mit Projektionen. In der Dämonenlehre
durchschauen die Mönche den Mechanismus, dass
wir unsere eigenen Wünsche und Emotionen in
den anderen projizieren. Nicht der Mitmensch ist
schuld, dass wir uns ärgern, sondern ein Dämon,
der durch den Menschen und sein uns störendes
Verhalten in uns Ärger bewirken will, um uns in
dem negativen Affekt festzuhalten.

Durch das Sprechen von den Dämonen werden
die Mönche dem Ernst und der Vielfalt unserer Bedrohung durch das Böse gerecht. Man besiegt das
Böse nicht mit ein bisschen gutem Willen. Das Böse
begegnete uns vielmehr als raffinierter Dämon mit
ausgeklügelten Techniken. Öffnet sich der Mensch
seiner eigenen Wirklichkeit, dann erfährt er sich
angefochten und gefährdet durch die Abgründig-

keit und Undurchschaubarkeit des Bösen. Diese Erfahrung drücken die Mönche aus, indem sie ihre Bedrohung durch das Böse Dämonen zuschreiben. Dabei ist nicht der Begriff das Entscheidende, sondern das Phänomen, das der Begriff oder vielmehr das Bild vom Dämon deuten will. Es geht in der Dämonenlehre letztlich um eine Anweisung, mit dem Bösen in uns richtig umzugehen. Wichtiger als das Wesen der Dämonen zu kennen, ist daher das Wissen um ihre Techniken.

II. Die Technik der Dämonen

Die Dämonen kämpfen auf verschiedene Weisen mit den Menschen. Die Art ihres Kampfes hängt vom Zustand des einzelnen ab:

Mit den Weltleuten kämpfen die Dämonen mehr durch die Dinge, mit den Mönchen dagegen meistens durch die Gedanken. Denn wegen der Einsamkeit entbehren die Mönche der Dinge. Aber wie es viel leichter ist, in Gedanken als in der Tat zu sündigen, so ist der Kampf gegen die Gedanken viel schwieriger als der gegen Dinge. Denn der Verstand ist leicht beweglich und hinsichtlich unerlaubter Phantasiebilder schwer zu zügeln.
(P 48)

Evagrius gibt hier zwei grundlegend verschiedene Techniken an: den Kampf durch die Dinge und Gegebenheiten der Außenwelt, und den Kampf durch Gedanken und Phantasiebilder. Wie der Kampf durch die Dinge aussieht, beschreibt Athanasius: Als sich Antonius auf den Weg in die Wüste macht, wollen ihn die Dämonen daran hindern und legen ihm zuerst eine große Menge Silber in den Weg. Antonius erkennt das Silber als Versuchung und als List des bösen Feindes. Er verflucht das Silber und sogleich verschwindet es. Doch kurz darauf sieht er auf seinem Weg Gold liegen. Jetzt ist es nicht mehr bloß Trugbild, sondern wirkliches Gold. Aber auch davon lässt sich Antonius nicht von seinem Vorsatz zurückhalten. Er schreitet darüber hinweg »wie über Feuer« und beginnt zu laufen, um der Versuchung zu entgehen. (Vgl. Ant 11 und 12)

Äußere Dinge können also für den Menschen eine Versuchung sein. Durch das Geld versucht der »Dämon der Habsucht« den Menschen. Geld allein ist nicht schlecht. Aber die Gefühle, die das Geld im Menschen hervorruft, können vom Dämon der Habsucht eingegeben sein. Ähnlich ist es mit anderen Dingen. Wenn einem ein Missgeschick passiert, z. B. ein Werkzeug zerbricht, so ist das etwas ganz Normales. Aber die Reaktion darauf kann durch einen Dämon verursacht werden. Wenn einer zornig reagiert, so ist es für die Mönche der »Dämon des Zornes«, der ihn da heimsucht. Oder es stolpert jemand über ein Hindernis auf dem Weg. Das Hindernis könnte mir ein Dämon in den Weg gelegt haben, um mich in eine verdrießliche Stimmung geraten zu lassen oder um mich von einem Vorhaben abzuhalten. Dinge sind nicht dämonisch, aber sie können in mir Reaktionen hervorrufen, die mich aus dem Gleichgewicht bringen und mich in eine bestimmte Richtung des Denkens und Handelns zwingen. Wie ein Dämon Menschen durch äußere Dinge beeinflussen kann, zeigt ein Apophthegma:

Altvater Niketa berichtete von zwei Brüdern, die zusammenkamen, um ein gemeinsames Leben zu führen. Der eine nahm sich folgendes vor:

»Wenn mein Bruder etwas wünscht, dann werde ich es ihm tun.« Ebenso dachte auch der andere: »Ich werde den Willen meines Bruders tun.« Und sie lebten viele Jahre in großer Eintracht. Als der Feind das sah, zog er aus, sie zu trennen. Er stellte sich an dir Vortüre und zeigte sich dem einen als Taube, dem anderen als Krähe. Da sagte der eine: »Siehst du die Taube da.« Der andere darauf: »Das ist doch eine Krähe!« Und sie begannen zu streiten, indem einer dem anderen widersprach, und sie erhoben sich und begannen einen Kampf bis aufs Blut zur größten Freude des Feindes, und sie trennten sich. Nach drei Tagen kamen sie zu sich und besannen sich, warfen sich voreinander zu Füßen, und dann gab ein jeder zu, dass es ein Vogel gewesen sei, was sie gesehen hatten. Sie erkannten die Anfechtung des Teufels und blieben ungetrennt beieinander bis zum Ende. (Apo 565)

Entscheidend ist immer die Reaktion des Menschen auf äußere Ereignisse. Wenn wir leidenschaftlich reagieren, so lassen wir uns von einem Dämon beeinflussen. Wenn wir die Dinge im Licht der eigenen Begierden und Emotionen sehen, wenn wir also unsere Projektionen auf die Dinge werfen, dann wirken durch die Dinge Dämonen auf uns ein. Sie täuschen uns und halten uns durch die Dinge gefangen. Wenn wir die Dinge und äußeren Widerfahrnisse dagegen im Lichte Gottes sehen, von Gott her kommend und von Gott uns zugedacht und zugemutet, dann kann uns alles zum Heil dienen.

Außer Gegenstände und Ereignisse benützen die Dämonen häufig auch Menschen. So sagt Evagrius:

Mit den Einsiedlern kämpfen die Dämonen nackt; gegen jene aber, die in Klöstern und Konventen sich in der Tugend üben, mobilisieren sie nachlässige Brüder. Dieser Kampf ist aber leichter als jener erste, denn es gibt auf der Erde keine Menschen, die so grausam sind wie die Dämonen. (P 5)

Auch hier kommt es auf unsere Reaktion an, ob wir uns von einem Dämon anfechten und in uns Ärger und Zorn hervorrufen lassen, oder ob wir den anderen annehmen können, wie er ist. Im zweiten Fall bleiben wir im Gleichgewicht und der andere ficht uns gar nicht an.

Mit den Mönchen kämpfen die Dämonen vor allem durch die Gedanken. Die Gedanken sind Bilder, die sich der Verstand von den Objekten der Außenwelt formt. Die Dämonen können also nicht von sich aus Gedanken im Menschen produzieren, sondern nur durch Rückbindung an einmal gesehene und wahrgenommene Dinge oder Menschen. Evagrius erklärt das so:

Alle dämonischen Gedanken leiten Vorstellungen von wahrnehmbaren Objekten in die Seele ein. Und der Verstand, der ihren Eindruck erhalten hat, trägt in sich die Formen dieser Objekte. So erkennt er durch das Objekt selbst den Dämon, der sich ihm naht. Wenn z.B. in meinem Geist das Gesicht des Bruders auftaucht, der mich beleidigt oder gekränkt hat, dann ist das ein Zeichen, dass mich der Gedanke der Verbitterung heimsucht. Oder wenn man an

Reichtum oder Ehre denkt, dann erkennt man am Objekt den, der uns bedrängt. Ähnlich ist es, wenn es sich um andere Gedanken handelt: immer ist es das Objekt, an dem du entdecken wirst, welcher Dämon sich da aufhält und dir Bilder eingibt.[19]

Welche Dinge oder welche Menschen in unserem Geist auftauchen, das können die Dämonen beeinflussen. Wenn wir uns fragen, warum wir gerade an jenes Ereignis denken, so können wir uns oft keine Antwort geben. Der Gedanke taucht einfach in uns auf. Manche Gedanken erscheinen unfruchtbar, sie erzeugen in uns eine ärgerliche oder zornige Stimmung. Das ist für Evagrius immer ein Zeichen, dass ein Dämon uns diesen Gedanken eingegeben hat. Evagrius meint, nicht alle Gedanken würden von den Dämonen erzeugt, viele entstünden auch durch den Menschen selbst. »Doch die Erinnerungen, die über das Maß hinaus Zorn oder Begierde mit sich bringen«[20], stammen von den Dämonen. Evagrius gibt hier eine Erklärung für die schwierige Frage, woher denn unsere Gedanken kommen. Die guten und heilsamen werden von Engeln bewirkt, die schädlichen von Dämonen. Die Gedanken beeinflussen die Stimmung und die ganze Haltung des Menschen. Daher ist es wichtig, welche Gedanken man in sich zulässt und welche man bekämpft oder abschneidet.

Eine Form der Gedanken sind die Erinnerungen. Gerade durch die Erinnerung an das frühere Leben in der Welt kann der Dämon viele Menschen zu Fall bringen. Er ruft in den Erinnerungen auch die früheren Gefühle und Einstellungen wach.

Eine emotional gefärbte Erinnerung hat ihren Grund in einer mit heftigen Emotionen gemachten Erfahrung in der Vergangenheit:

Wenn wir von etwas eine leidenschaftliche (emotional gefärbte) Erinnerung haben, so haben wir das früher auch mit Leidenschaft aufgenommen. Und umgekehrt: was wir leidenschaftlich aufnehmen, daran erinnern wir uns wieder voller Leidenschaft (empatheis). (P 34)

Erfahrungen, die im Menschen heftige Emotionen hervorrufen, wirken sich destruktiv bei ihm aus, falls sie nicht verarbeitet wurden. Die Dämonen halten die Wunden der Vergangenheit offen und lassen immer wieder mit der Erinnerung daran schädliche Emotionen wach werden, vor allem Verbitterung, Traurigkeit und Mutlosigkeit.

Die Dämonen benutzen im Kampf gegen die Menschen Phantasie- und Traumbilder, Visionen und Halluzinationen. Es kommt darauf an, welchen Teil der Seele sie angreifen. Wenn sie den begehrlichen Teil angreifen, dann spiegeln sie einem im Traum üppige Mahlzeiten vor oder nackte Frauen. Wenn sie den emotionalen Teil bekämpfen, dann erscheinen sie entweder im Traum oder aber auch tagsüber als Schlangen, Löwen und Skorpione. Bisweilen veranstalten sie einen höllischen Lärm, um einen einzuschüchtern und Angst einzujagen. So erzählt Athanasius von Antonius:

Da machten sie (die Dämonen) nachts einen solchen Lärm, dass der ganze Ort zu erbeben schien. Es war als ob die Dämonen die vier Mauern des

kleinen Baues durchbrechen und eindringen woll-
ten; dann verwandelten sie sich in die Gestalten von
wilden Tieren und Schlangen: und gar bald erfüllte
sich der Platz mit Erscheinungen von Löwen, Bä-
ren, Leoparden, Stieren und Nattern, Aspisschlan-
gen, Skorpionen und Wölfen. (Ant 9)

Der Traum ist für die Dämonen ein beliebte Ein-
fallstor. Die Bilder, die sie im Traum hervorrufen,
wirken im Menschen nach. Wenn die Dämonen
Zusammenkünfte von Freunden, Gelage der Verwandten und Scharen von Frauen im Traum vorspiegeln, dann ist der Mensch am nächsten Tag
im begehrlichen Teil der Seele krank, während die
Leidenschaft erstarkt ist.(Vgl. P 54) Durch die Bilder wilder Tiere machen sie die Seele furchtsam
und ängstlich. Sie bewirken manchmal Blässe und
Ohnmacht. (Vgl. P 11) Von Antonius wird berichtet, dass er von den Dämonen halbtot geschla-
gen wurde und reglos liegen blieb. (Vgl. Ant 8)
Von der Wirkung auf den Leib her wird deutlich,
dass die Dämonen nicht harmlose Gedanken eingeben, sondern dass sie eine starke psychische Realität sind. Die Phänomene, die die Mönche hier
als Wirkung der Dämonen beschreiben, sind der
Psychologie vertraut. Psychische Komplexe haben die Tendenz, auch den Körper in Mitleiden-
schaft zu ziehen.

In der Mönchsliteratur werden noch andere
Techniken der Dämonen aufgezählt:

Wenn die Dämonen in ihrem Kampf gegen die
Mönche schwach sind, ziehen sie sich eine Zeitlang
zurück, beobachten, welche Tugend in dieser Zeit

vernachlässigt wird. Und dann stürzen sie sich darauf, um die unglückliche Seele in Stücke zu zerreißen. (P 44)

Die Dämonen forschen also nach den schwachen Seiten eines Menschen, nach seinen Neigungen und Anhänglichkeiten, verstärken sie, ohne dass der einzelne es merkt. Kaum wahrnehmbar ziehen sie einen in ihren Bann. Sie verstecken sich hinter Gedanken, Neigungen und Bedürfnissen. Das Böse tarnt sich unschuldig als kleine Schwäche oder als Neigung. Und doch kann es dadurch den Menschen blind machen für die Realität, blind auch für die eigene Wahrheit.

Die Dämonen beobachten die Mönche. Es ist ihnen zwar nicht möglich, in die Seele zu schauen, das kann Gott allein. Doch sie können aus den Worten, aus der Körperhaltung und aus dem äußeren Benehmen erkennen, was im Menschen vorgeht. Und so achten sie auf den Gesichtsausdruck, ob sich darin Zorn, Ärger oder Traurigkeit entdecken lässt. Sie sehen, wohin einen die Schritte führen, zu welchen Menschen, zu welchen Veranstaltungen. Sie beobachten die Art und Weise, wie wir sitzen, stehen oder gehen. (Vgl. P 47) Unsere Blicke können den Dämonen unsere Gier verraten, unsere Art zu gehen Gleichgültigkeit und Verweichlichung offenbaren. Unser Benehmen und unsere Körperhaltung sind also nicht unwichtig für unser geistliches Leben. Für Evagrius sind es Einfallstore für die Dämonen.

Unser Reden, unser Verhalten und unsere Haltung im Leib treiben uns in eine bestimmte Richtung. Wenn wir nicht darauf achten, werden sie uns unversehens in eine innere Gefangenschaft führen. In uns setzt sich fest, was unser Leib nach außen ausdrückt. Und die Vernachlässigung unserer Äußerungen lässt uns immer mehr in eine innere Formlosigkeit und Leere hinein gleiten. Wenn wir unsere Worte und unser Benehmen nicht kritisch unter die Lupe nehmen, werden wir allmählich innerlich verschlampen; wir meinen noch, unsere Absicht sei ja edel, und merken gar nicht, wie sich eine negative Haltung in uns breit gemacht hat.

Eine andere Technik der Dämonen besteht darin, dass sie kein Maß kennen. Sie fordern die Mönche zu übertriebener Askese auf, um sie dadurch zu entmutigen. Sie spornen zu überhartem Fasten an, um den Leib so zu schwächen, dass er gar nicht mehr fasten kann. Oder sie wecken einen mitten in der Nacht zum Gebet und lassen einen kaum schlafen. Indem sie den Bogen überspannen, wollen sie die Mönche ganz von ihrem Werk abbringen. Poimen sagt klar:

Alles Übermaß ist von den Dämonen. (Apo 703)

Die Maßlosigkeit der Dämonen zeigt sich noch darin, dass sie die Umstände nicht berücksichtigen, unter denen bestimmte Verhaltensweisen geübt werden können. Sie haben keine *discretio*. Sie können nicht erkennen, wann die gewöhnliche Regel den Zeitumständen angepasst werden muss. Den Kranken raten sie, weiter zu fasten. Zur Unzeit raten sie das Richtige und dadurch wird es falsch. Sie unterwerfen den Menschen starren Regeln ohne Rücksicht auf ihre Situation. Sie zwingen einen zu Schwüren bezüglich der Askese, damit man sie ohne Rücksicht auf die Umstände beibehält. Sie wollen also sture Prinzipienreiter aus den Mönchen machen, blind für den rechten Augenblick, unfähig, ab- und zugeben zu können, fixiert auf eine starre Regel. So missbrauchen sie das Gute, um den Mönch in eine Sackgasse zu führen, in der er das menschliche Maß verliert und zum leblosen Gesetzesfüller wird. (Vgl. P 40, Anti I, 27)

Eine weitere Technik der Dämonen besteht darin, Streitigkeiten unter Brüdern zu verbreiten. Sie geben einem ein schlechtes Urteil über den Bruder ein oder einfach ein neugieriges Reden über die anderen.[21] Die Mönche wissen, dass einen das Wühlen im Schmutz der anderen blind macht für die eigenen Fehler. Somit wird das Wirken der Dämonen begünstigt. Man unterliegt der List der Dämonen, indem man meint, zurecht die Fehler der anderen kritisieren zu müssen, während man doch nur die eigenen Fehler in den anderen hineinliest. Die eigenen Fehler aber entschwinden dadurch unserem Blick.

Was wir heute Flucht in die Krankheit nennen, ist für die Mönche Werk der Dämonen. Die Dämonen versuchen, einen durch Kleinmut und Schwächlichkeit von der Lebensführung eines Mönches abzubringen:

Es ist gut, die Herzensruhe zu pflegen. Ein besonnener Mann nämlich übt die Herzensruhe. Groß fürwahr ist die Pflege der Herzensruhe für die Jung-

frau und den Mönch. *Ganz besonders für die Jüngeren. Aber wisse: wenn der Vorsatz auf die Herzensruhe gerichtet ist, dann kommt sofort der Böse und beschwert die Seele, in Unmut, in Kleinmut und Gedanken. Er beschwert auch den Leib mit Schwächlichkeit, Nachlassen der Spannkraft, Schlaffheit der Knie und aller Glieder, und er bricht die Kraft der Seele und des Leibes; und:* »*Weil ich krank bin, kann ich den Gottesdienst nicht besuchen.*« *Aber wenn wir wachsam sind, dann löst sich das alles auf. Da war ein Mönch, den erfassten, als er in den Gottesdienst gehen wollte, Frösteln und Fieberschauer, und im Kopf spürte er eine Spannung. Da sprach er zu sich:* »*Siehe ich bin krank und es kann sein, dass ich sterbe. Ich will mich aufraffen, ehe ich sterbe, und in die Versammlung gehen.*« *Mit diesem Gedanken bezwang er sich selbst und besuchte den Gottesdienst. Als dieser zu Ende war, hörte auch das Fieber auf. Wieder einmal hielt er diesem Gedanken stand und kam in die Versammlung und überwand den Gedanken.* (Apo 311)

Für Evagrius gibt es zwischen der Technik der Dämonen bei Jungen und Alten einen Unterschied. Demnach wirken die Dämonen bei jungen Menschen über die körperlichen Leidenschaften, über die Triebe – den begehrlichen Teil der Seele. Bei älteren Menschen dagegen greifen sie vor allem den emotionalen Teil der Seele durch seelische Leidenschaften an, also durch Emotionen wie Zorn, Ärger, Missmut, Traurigkeit und Lustlosigkeit.[22] Die Jungen haben daher die Aufgabe gestellt, ihre Triebe zu zügeln und zu beherrschen. Von den Alten dagegen ist gefordert, dass sie in ihre Emotionen Ordnung bringen und sich nicht von Stimmungen hin- und herzerren lassen. Dabei hält Evagrius die Aufgabe der Alten für wesentlich schwieriger. (Vgl. P 36) In der Terminologie Jungs würde diese Einsicht bedeuten, dass der Mensch in der ersten Lebenshälfte die Energie seiner Triebe in die richtigen Bahnen leiten solle. Die Regulierung der Triebe wird gefährdet durch negative Erfahrungen in der Kindheit. Daher ist die Integration der Triebe zugleich immer ein Aufarbeiten des persönlichen Unbewussten, Bewältigung der eigenen Lebensgeschichte. In der zweiten Lebenshälfte geht es jedoch um Integration des kollektiven Unbewussten, für den Mann zuerst um die Integration seiner anima, die sich gerade in seinen Stimmungen und Launen äußert. Auch Jung hält diese Aufgabe für wesentlich schwieriger als die Bändigung der Triebe.[23]

Was die Mönche als Technik der Dämonen beschreiben, zeugt von ihrer psychologischen Erfahrung. Sie wissen um die Mechanismen der menschlichen Psyche und um die raffinierten Wege, auf denen Gedanken, Stimmungen und Leidenschaften versuchen den Menschen zu beherrschen. Die geheimnisvollen Vorgänge in der menschlichen Psyche können sie sich am besten durch das Wirken der Dämonen erklären. Für sie hat es den Anschein, als ob die Gedanken und Emotionen von außen her auf sie einstürmen und versuchen sie in ihre Gewalt zu bringen.

Diese Erfahrung muss die heutige Psychologie bestätigen. Jung weist auf unseren alltäglichen Sprachgebrauch hin. Wir sagen auch: »Was ist in ihn gefahren« oder »er ist vom Teufel geritten«. Diese Redewendungen zeigen, dass wir das Wirken des unbewussten Komplexes wie das eines selbständigen Wesens erfahren, das uns von außen her Gedanken und Emotionen eingibt.

Wenn die Mönche von den Dämonen sprechen, so wollen sie die Wirklichkeit beschreiben, wie sie sie erfahren haben. Dazu steht ihnen als Instrumentarium eine Sprache zur Verfügung, die noch nicht in eine begriffliche und bildliche gespalten war, sondern in sich noch Begriff und Bild, Wort und Symbol vereinigte. Wenn wir ihre Beschreibung als Bilder für eine wirkliche Erfahrung auffassen, dann können sie uns eine echte Hilfe sein, die eigenen Erfahrungen zu verstehen und mit ihnen umzugehen. Wenn wir jedoch den Erfahrungsbereich verlassen und versuchen, die Dämonen wissenschaftlich in Griff zu bekommen, dann verkehrt sich alles. Dann erklären wir nicht mehr unsere Erfahrungen mit unseren Gedanken und Emotionen, sondern schaffen neue Wesen und erzeugen Angst vor diesen selbständigen Wesen. Wir meinen, diese Wesen genauso überall antreffen zu können wie die Objekte unserer Außenwelt. Wir konstruieren dann Superwesen, je abscheulicher, desto interessanter. Damit aber haben wir gründlich missverstanden, was uns die Mönche mit ihrer Dämonenlehre sagen wollen. Gerade die Tatsache, dass die Mönche so schillernd von den Dämonen sprechen, dass sie sie manchmal mit den Gedanken und Leidenschaften identifizieren, manchmal wieder als Väter der Gedanken und Leidenschaften beschreiben, zeigt, dass es ganz und gar nicht auf das Wesen der Dämonen, sondern auf ihr Wirken und damit letztlich auf psychische Vorgänge ankommt. Die monastische Dämonenlehre beschreibt und erklärt, was in der menschlichen Seele geschieht, wenn sie sich auf die Suche nach Gott macht, wie sie von vielfältigen Anfechtungen bedroht ist, durch die sie von Gott und letztlich von ihrer eigenen Gesundheit abgehalten werden kann.

III. Die Arten der Dämonen

Die Mönche unterscheiden verschiedene Arten von Dämonen. Das Kriterium für ihre Unterscheidung liefert ihnen die sogenannte Achtlasterlehre. Die Achtlasterlehre ist ein interessantes Kapitel monastischer Psychologie. Entfaltet wurde sie vor allem von Evagrius Ponticus und Cassian, doch auch bei Climacus, Maximus Confessor und anderen erscheint sie. Man unterscheidet dabei acht Laster: Völlerei, Unzucht, Habsucht, Traurigkeit, Zorn, acedia (Trägheit), Ruhmsucht und Stolz. Jedem dieser acht Laster ordnet Evagrius einen Dämon zu, demzufolge diese also inhaltlich bestimmt werden. Sie bewirken nicht alle die gleichen Gedanken. Der eine ruft Gedanken der Habsucht, der andere Gedanken des Stolzes hervor. Dabei unterscheiden sich die Dämonen auch in ihrer Art. Die einen sind leicht und greifen einen plötzlich an – so etwa der Dämon der Unzucht. Der Dämon der acedia ist dagegen schwer und drückt die Seele allmählich immer stärker nieder.

Die Gliederung der acht Laster erfolgt nach der platonischen Dreiteilung der Seele. Die ersten drei Laster werden dem begehrlichen Teil (*epithymia*), die nächsten drei dem erregbaren oder emotionalen Teil (*thymos*) und die zwei letzten dem geistigen Teil (*nous*) zugeordnet_

Die ersten drei Laster sind Grundtriebe. Man könnte sie der oralen, analen und ödipalen Phase in der frühkindlichen Entwicklung zuordnen. Diese Triebe gehören zur menschlichen Natur und können nicht einfach beseitigt werden. Es geht darum, sie zu integrieren, ihnen das rechte Maß zuzuweisen.

Die drei nächsten Laster sind negative Stimmungen, die weit schwieriger zu bewältigen sind. Sie lassen sich nicht beherrschen wie die Triebe. Der richtige Umgang mit ihnen erfordert ein seelisches Gleichgewicht und eine innere Reife, die nur durch ehrliche Auseinandersetzung mit den Gedanken und Stimmungen und durch ein vorbehaltloses »Sichöffnen« Gott gegenüber zu erreichen ist.

Noch schwieriger sind die beiden letzten Laster zu bekämpfen, da der Geist am wenigsten zu bändigen ist. Hier können die Dämonen einen am leichtesten zum Narren halten.

Evagrius spricht auf verschiedene Weise von den acht Lastern. Er kann von Trieben und Stimmungen reden, oder von den Gedanken der Habsucht oder des Zornes, oder aber er spricht vom Dämon der Habsucht, vom Dämon des Zornes. Er personifiziert also das Laster. Es ist wie ein selbständiges Gegenüber, ein Dämon, der einen versucht und in einen Trieb, eine Emotion oder in eine geistige Verblendung hineintreiben will. Und jeder der acht Dämonen hat seine eigene Technik.

Die Identifizierung der Dämonen mit den acht Lastern zeigt aufs neue, dass es Evagrius in seiner Dämonenlehre nicht so sehr um außergewöhnliche Phänomene wie Besessenheit geht, sondern um die Auseinandersetzung mit dem Dunklen und Bösen, das jeder in sich spürt, um den Kampf gegen innere Fehlhaltungen, die sich in uns festsetzen möchten und uns so an unserer Selbstverwirklichung und unserer Offenheit Gott gegenüber hindern. Evagrius beschreibt jeden einzelnen der acht Dämonen, die hinter den Lastern stehen.

1. Der Dämon der Völlerei

Der Gedanke der Völlerei suggeriert dem Mönch ein schnelles Scheitern seiner Askese. Er hält ihm seinen Magen vor Augen, seine Leber, seine Milz, die Wassersucht, eine lange Krankheit, den Mangel am Notwendigen und das Fehlen eines Arztes. Oft lässt er ihn auch an bestimmte Brüder denken, die in diese Leiden gefallen sind. Manchmal fordert er diese Kranken auch auf, sich selbst zu den Asketen zu begeben und ihnen von ihrem Geschick zu erzählen, indem sie vorgeben, wegen ihrer Askese so geworden zu sein. (P 7)

Der Dämon der Völlerei stachelt hier nirgends zum übermäßigen Essen an. Er führt nur genügend anscheinend vernünftige Gründe an, die gegen das Fasten sprechen. Der Dämon ist zu raffiniert, als dass er zu einem so primitiven Laster wie der Völlerei auffordern würde. Seine Methode ist das Rationalisieren. Vernünftige Gründe verbergen die Bedürfnisse und Wünsche, die dahinterstecken. So versteckt sich der Dämon hinter der Vernunft, um sich dem Mönch nicht offen als verderblich und böse zeigen zu müssen. Evagrius hat diesen Mechanismus der Rationalisierung offenbar durchschaut.

2. Der Dämon der Unzucht

Der Dämon der Unzucht zwingt, verschiedene Körper zu begehren. Er greift grausam die Enthaltsamen an, damit sie von ihrer Enthaltsamkeit lassen, da sie ja doch nichts ausrichten. Er beschmutzt die Seele und verleitet sie zu schändlichem Tun. Er lässt sie gewisse Worte sagen und wiederum hören, als ob das Objekt sichtbar und gegenwärtig wäre. (P 8)

Der Dämon der Unzucht arbeitet vor allem über die Phantasie, die er mit unreinen Bildern und Gedanken erfüllt und so den Verstand verdunkelt. Er greift den Mönch plötzlich wie aus heiterem Himmel an und erregt in Kürze eine heftige Leidenschaft in ihm. (Vgl. P 51) Vor allem nachts sucht dieser Dämon die Mönche heim. Manchmal spricht Evagrius davon, dass der Dämon der Unzucht direkt in den Leib fährt und ihn in Brand steckt. (Vgl. Anti II, 45)

3. Der Dämon der Habsucht

Die Habsucht suggeriert ein hohes Alter, die Unfähigkeit der Hände zur Arbeit, kommende Hungersnöte und Krankheiten, die Bitterkeit der Armut und welche Schande es bedeutet, von anderen das Nötige zu erhalten. (P 9)

Auch hier geht der Dämon die Begierde nicht direkt an, sondern schiebt allerhand Gründe vor, die gegen Armut und Freigiebigkeit sprechen. Nicht der Trieb wird angestachelt, sondern die Gründe ihn zu zügeln werden verneint, indem die Gefahren geschildert werden, die daraus entstehen können. Die Gedanken, die der Dämon der Habsucht eingibt, erzeugen Angst und Kleinmut, sie rauben einem den inneren Schwung, seinen Trieb zu bändigen und in geregelte Bahnen zu lenken. Weil man keine Motivation sieht, sich anzustrengen und einzuschränken, steuert man – ohne es zu merken – in das Laster der Habsucht. Man wird vom Dämon der Habsucht beherrscht, weil man vor seinem Geist alle Gründe für einen Kampf gegen den Trieb schlecht gemacht hat. Wer Drogensüchtige und ihre Argumentationsweise erlebt hat, der fühlt sich von den Beobachtungen des Evagrius bestätigt. Auch hier wird jedes Motiv, sich einzuschränken, mit scheinbar vernünftigen Gründen in Frage gestellt. Doch in Wirklichkeit steht hinter diesen Gründen das infantile Bedürfnis, immer mehr zu besitzen. Weil man als Kind nicht gelernt hat, zu verzichten und sich so an die Realität anzupassen, wird man jetzt von seinem Trieb beherrscht, oder wie Evagrius sagt, vom Dämon der Habsucht in Schach gehalten. Nach Freud ist ein gewisser Triebverzicht für die Anpassung an die Realität unabdingbar.

4. Der Dämon der Traurigkeit

Die Traurigkeit entsteht manchmal durch Frustration der Wünsche, manchmal ist sie eine Folge des Zorns. Wenn sie durch Frustration der Wünsche entsteht, dann geht das so: Zunächst kommen einem Gedanken, die die Seele sich an das Haus, die Eltern und den früheren Lebenswandel erinnern lassen. Und wenn sie sehen, dass die Seele anstatt Widerstand zu leisten, ihnen folgt und sich innerlich an den Vergnügen freut, dann nehmen sie die Seele und tauchen sie in Traurigkeit, da ja das Frühere nicht mehr ist und wegen des gegenwärtigen Lebens auch nicht mehr sein kann. Und je mehr sie sich an den früheren Gedanken erfreut hat, desto mehr wird sie durch die folgenden entmutigt und niedergedrückt. (P 10)

Die letzte Ursache der Traurigkeit ist für Evagrius eine übertriebene Anhänglichkeit an die Welt:

Wer die Welt liebt, wird viele Traurigkeit erfahren; wer aber die Dinge dieser Welt verachtet, wird in allem Freude haben. (Geister: PG 79, 1157)

Wenn man zu hohe Wünsche an das Leben stellt, wird man leicht enttäuscht und verfällt in Traurigkeit. Diese engt das menschliche Herz ein, schnürt es zusammen, während die Freude es weitet (diacheo und systello). Typisch für die Traurigkeit ist auch das Hängen an der Vergangenheit. Dort war alles besser und schöner. Der Blick in die Vergangenheit macht einen blind für die Gegenwart. Man stellt sich nicht der Realität, sondern flüchtet sich in die Scheinwelt einer verklärten Vergangenheit. Und sobald man sich mit der Gegenwart konfrontieren muss, vergräbt man sich in seine Traurigkeit. Man lässt sich durch nichts mehr daraus hervorlocken.

Die Traurigkeit schwächt den betrachtenden Verstand. Kein Sonnenstrahl durchdringt die Tiefe des Wassers und der Anblick des Lichtes erhellt nicht das verdüsterte Herz. Eine Freude für die Menschen ist ein Sonnenaufgang, aber eine betrübte Seele empfindet selbst dabei Missbehagen. (PG 79, 1157)

5. Der Dämon des Zornes

Eng verbunden mit der Traurigkeit ist der Zorn. Cassian stellt den Zorn vor die Traurigkeit und selbst Evagrius hat in seiner Schrift über die acht Geister der Bosheit (PG 79, 1150ff) den Zorn vor der Traurigkeit behandelt. Manchmal entspringt die Traurigkeit eben dem Zorn, den Evagrius so beschreibt:

Der Zorn ist eine sehr hitzige Leidenschaft. Man nennt ihn eine aufbrausende Bewegung des emotionalen Teils der Seele gegen den, der einem Unrecht getan hat oder scheint Unrecht getan zu haben. Er verbittert die Seele den ganzen Tag über, vor allem

*aber während des Gebetes reißt er den Verstand mit
sich fort, indem er das Gesicht eines Beleidigers vor
Augen hält. Wenn er lang dauert und sich in Groll
verwandelt, dann ruft er nachts Verwirrung hervor, Ohnmacht und Blässe des Körpers und Angrif-
fe wilder Tiere. Diese vier Zeichen, die dem Groll
(Ressentiment) folgen, sind meist von zahlreichen
Gedanken begleitet. (P 11)*

Der Zorn verdunkelt den Geist des Menschen,
er raubt ihm seine Klarheit:

*Die Gedanken eines Zornigen sind giftiger Nat-
tern Brut und fressen auf das Herz, das ihnen das
Leben gegeben. (PG 79, 1156)*

Heftige Emotionen reißen den Menschen mit
sich und lassen ihn keinen klaren Gedanken mehr
fassen. Sie wirken sich für die Seele so unheilvoll
aus, weil durch sie das negative Unbewusste mit
all den angsterregenden Bildern in das Bewusstsein
einbricht und ihm die Herrschaft aus der Hand
nimmt. Der Mensch ist seinem Affekt derart ausgeliefert, dass er sich von ihm zum Handeln, und
hier vor allem zur Rache hinreißen lässt. Der Zorn
drängt auf Rache. Wenn die Rache nicht möglich
ist, wandelt er sich in Groll, in eine unzufriede-
ne ärgerliche Dauerstimmung, oder aber in Traurigkeit.

Wenn der Mönch dem Affekt des Zornes nichts
entgegensetzt, so wird er tatsächlich davon auf-
gefressen, wie Evagrius sagt, oder in der Sprache
Jungs: Das Ich verliert seine Fassung, »das heißt,
dass es gegen den Andrang affektiver Faktoren seine Existenz nicht mehr verteidigen kann, eine Si-

tuation, die öfters am Anfang einer Schizophrenie angetroffen wird.«[24]

6. Der Dämon der acedia

Der Dämon der acedia, der auch Mittagsdämon genannt wird, ist der beschwerlichste von allen. Er greift den Mönch zur 4. Stunde an und belagert die Seele bis zur 8. Stunde. Zuerst bewirkt er, dass die Sonne sich nur schwer oder gar nicht zu bewegen, und dass der Tag 50 Stunden zu haben scheint. Dann treibt er einen an, ständig zum Fenster hin zu schauen und aus der Zelle zu springen, um die Sonne zu beobachten, ob sie noch weit von der 9. Stunde ist, und herumzuschauen, ob nicht ein Bruder käme. Weiter impft sie einem eine Aversion gegen den Ort ein, an dem man lebt und gegen die Lebensweise selbst, gegen die Handarbeit, und die Idee, dass die Liebe bei den Brüdern verschwunden ist und dass es niemand gibt, der einen tröstet. Und wenn es jemand gibt, der ihn in diesen Tagen gekränkt hat, so benutzt der Dämon auch diesen, um die Abneigung zu steigern. Er lässt einen sich auch nach anderen Orten sehnen, wo er leicht finden könnte, was er nötig hat, und wo er eine weniger beschwerliche und für ihn vorteilhaftere Lebensweise antreffen könnte. Und er fügt hinzu, dass es nicht an einen Ort gebunden ist, dem Herrn zu gefallen. Überall, sagt er, kann die Gottheit angebetet werden. Er fügt dem die Erinnerung an seine Verwandten und an seine frühere Lebensweise hinzu, er malt ihm aus, wie lang das Leben dauert, und hält ihm die Beschwerden der Askese vor Augen. Er setzt, wie man sagt, seine ganzen Batterien in Bewegung, damit der Mönch seine Zelle verlässt und aus der Rennbahn flüchtet. Diesem Dämon folgt unmittelbar kein anderer: ein friedvoller Zustand und unaussprechliche Freude überkommen die Seele nach dem Kampf. (P 12)

Der Dämon der acedia ist für die alten Mönche der gefährlichste. Er enthält in sich fast alle Anfechtungen und Gedanken. Während die anderen Dämonen nur einen Teil der Seele berühren, besetzt der Mittagsdämon die ganze Seele. (Vgl. P 36) Er erstickt den Verstand, raubt der Seele jede Spannkraft. Man hat zu nichts mehr Lust.

Cassian nennt die acedia auch Überdruss oder Angst des Herzens, innere Beklemmung. Die innere Lustlosigkeit treibt einen entweder in den Schlaf oder in die Flucht aus der Zelle, in die Betriebsamkeit. Evagrius schildert das Verhalten eines von der acedia Befallenen recht humorvoll:

Das Auge eines Trägen schaut vielfach durch die Fenster und sein Geist stellt sich die Besucher vor. Es knarrt die Tür, und er springt auf; er hört eine Stimme und blickt neugierig aus dem Fenster, er geht von dort nicht weg, sondern starrt gaffend hinaus. Bei der Lesung gähnt der Träge vielfach und fühlt sich mächtig zum Schlaf hingezogen; er reibt sich die Augen vom Buche weg und blickt zur Wand hin. Dann schaut er wieder ins Buch, liest ein wenig und müht sich unnütz ab, den Sinn der Worte zu ergründen. Er zählt die Blätter und prüft die

*Schrift. Er tadelt Schrift und Ausstattung, zuletzt
faltet er das Buch zusammen und legt es unter den
Kopf und schläft einen nicht allzu tiefen Schlaf;
denn der Hunger weckt hernach seine Seele, und
er stillt ihn.* (Geister: PG 79, 1160)

Gregor der Große zählt zu den Folgen der acedia
die Verzweiflung, Entmutigung, Missmut, Verbitterung, Gleichgültigkeit, Schläfrigkeit, Langewei-
le, Flucht vor sich selbst, Überdruss, Neugier, Zerstreuung im Gerede, Unruhe des Geistes und des
Körpers, Unstetheit, Hast und Wankelmut. Acedia
ist die große Versuchung für die Einsiedler. In ihr
geht es um Leben oder Tod. Alles wird in Frage gestellt, jeder innere Schwung fehlt, das Herz scheint
durch und durch krank, die Seele verwirrt.

*Die Seele ist krank und leidet, von der Bitter-
nis der acedia überflutet. In einem solchen Übermaß von Leid verlassen sie alle ihre Kräfte. Ihr Wi-
derstandsvermögen ist drauf und dran, vor einem
so mächtigen Dämon das Feld zu räumen. Sie hat
den Kopf verloren und benimmt sich wie ein klei-
nes Kind, das haltlos weint und ein Wehgeschrei
anstimmt, als gäbe es keinerlei Hoffnung auf Trost
mehr.* (Ant VI, 38)

Der ganze seelische Organismus ist erschüt-
tert. Der Mensch sieht sich an die Grenzen seiner Menschlichkeit gedrängt. Er fällt in kindisches
Verhalten zurück, lässt sich selbst bemitleiden.

André Louf nennt die acedia die notwendige Krise, in die einer geraten muss, wenn er sich von jeder Zerstreuung abschneidet. Die acedia ist

eine Art von Schwindelgefühl angesichts des leeren Raumes, der sich zwischen der Seele und Gott auftut, und die Unfähigkeit, diesen Leerraum zu durchdringen oder ihn ganz einfach auszuhalten.[25]

Der Mönch streift in der acedia den Rand des Wahnsinns:

Das geistliche Scheitern oder der seelische Zusammenbruch drohen ihm.[26]

Doch wer durch diese Krise hindurchgeht, wer standhält, einfach ausharrt, der erfährt einen tiefen inneren Frieden und Freude:

Ein neuer Mensch in harmonischer Weise integriert, geht dieser Prüfung hervor.[27]

Die acedia entspricht dem Zustand, den Marie Louise von Franz »Seelenverlust« nennt:

Der Seelenverlust erscheint in Form einer plötzlich anfallenden Lustlosigkeit und Mattigkeit. Man hat keine Freude mehr am Leben, fühlt sich leer und antriebsgelähmt, alles erscheint sinnlos.[28]

Franz erklärt diesen Zustand damit, dass ein großer Teil der psychischen Energie ins Unbewusste abgeflossen ist und darum dem Ich nicht mehr zur Verfügung steht. Die Energie wurde von einem unbewussten Komplex angezogen. Während Zorn und Traurigkeit Reaktionen auf die Nichterfüllung der drei Grundtriebe sind, sind die Triebe bei der acedia verdrängt. Für Evagrius besteht die Gefährlichkeit der acedia gerade darin, dass sie sich dem, der an ihr leidet, verbirgt. Die ungeordneten Triebe übernehmen die Herrschaft, ohne dass der Mensch davon weiß, manchmal sogar unter der Maske von Tugenden.

Dieser Beobachtung des Evagrius entspricht, was Franz bei vielen endogenen Depressionen konstatiert, nämlich

wie zuunterst in der stagnierenden Lähmung der Persönlichkeit ein besonders intensives Begehren irgendwelcher Art existiert (Macht, Liebe, Expansionsdrang, Aggressionen usw.), das der Depressive jedoch aus vielerlei Gründen nicht heraufquellen zu lassen wagt.[29]

Die drei Grundtriebe greifen den Menschen bei der acedia als verdrängte und somit nicht mehr klar erkennbare Triebe vom Unbewussten her an. Und gerade die Tatsache, dass man keinen Gegner sieht, gegen den man kämpfen kann, macht den Zustand der acedia so gefährlich. Die Mönche raten, auszuharren, dann entsteht neues Leben, Friede und Freude. Franz drückt das psychologisch so aus:

Harrt man lange genug in diesem Zustand aus, so tritt dann meistens später der Komplex, der durch die angezogene Energie aktiviert wurde, in die Bewusstseinsphäre ein: ein intensives Interesse am Leben taucht auf, das jedoch meistens in anderer als der bisherigen Richtung strebt.[30]

7. Der Dämon der Ruhmsucht

Der Gedanke der Ruhmsucht ist ein sehr subtiler Gedanke, der sich leicht bei den Tugendhaften einschleicht. Er gibt ihnen den Wunsch ein, ihre Kämpfe zu veröffentlichen und nach dem Ruhm der Menschen zu streben. Er lässt sie sich in ihrer Phanta-

sie das Austreiben schreiender Dämonen ausma-
len, Heilung von Frauen, und eine Menge, die ihre
Mäntel berührt. Er sagt ihm voraus, dass er Pries-
ter sein wird, und lässt schon an seine Türe die Leu-
te klopfen, die ihn suchen. Und wenn er nicht wol-
le, so würde man ihn gebunden wegführen. Und er
lässt ihn sich durch leere Hoffnungen erheben und
liefert ihn den Versuchungen durch den Dämon des
Stolzes oder der Traurigkeit aus, der ihm Gedan-
ken eingibt, die seinen Hoffnungen entgegenstehen.
Manchmal liefert er ihn auch dem Dämon der Un-
zucht aus, ihn, der kurz zuvor noch als Heiliger und
verehrungswürdiger Priester erschien. (P 13)

Die Ruhmsucht liegt nicht auf der gleichen Ebene wie die anderen Laster. Cassian schreibt sie dem
vernünftigen Teil der Seele zu. Die Ruhmsucht entsteht, wenn die anderen Laster überwunden scheinen. Doch sie verdirbt das Streben, die Laster zu
überwinden. Der Dämon der Ruhmsucht ist besonders listig, er schleicht sich immer dann ein,
wenn die anderen Dämonen besiegt scheinen. Evagrius vergleicht die Ruhmsucht mit einem durch-
löcherten Geldbeutel. Man tut den Lohn seiner
Kämpfe hinein. Doch er behält nichts. So verdirbt
die Ruhmsucht alle Anstrengungen um den Sieg.
Sie lässt den Mönch aus einer falschen Motivation heraus kämpfen, nicht um für Gott offen zu
werden, sondern um den Menschen zu gefallen.
Damit orientiert er sich jedoch an Äußerem und
verliert den ehrlichen Blick für sich selbst. Manch
einer, der sich mit hohen Idealen identifiziert, er-
liegt der Versuchung der Ruhmsucht. Weil das Ide-

al von den Menschen geschätzt wird, verspricht er sich durch das Streben nach ihm eine Steigerung seines Selbstwertgefühls. Letztlich steht in der Ruhmsucht das eigene Ich im Vordergrund. Es geht um eine Verherrlichung des Ich, nicht um Auslieferung an Gott.

8. Der Dämon des Stolzes

Der Dämon des Stolzes führt die Seele in den tiefsten Fall. Er überredet sie, Gott nicht als Helfer anzuerkennen, sondern zu glauben, dass sie selbst die Ursache ihrer guten Taten ist, und die Brüder von oben herab als unverständig und unwissend zu betrachten. Dem Stolz folgen Zorn und Traurigkeit, dann als das letzte Übel Verwirrung des Geistes, Wahnsinn, und Visionen einer Menge von Dämonen in der Luft. (P 14)

Stolz ist nicht nur das letzte, sondern auch das gefährlichste Laster. Der Stolz hält sich selbst für Gott und verleugnet letztlich sein Menschsein. Das führt ihn weg von der Realität in eine Scheinwelt, in der er sich immer mehr aufbläht, um schließlich in geistiger Verwirrung zu enden. Stolz ist das, was C. G. Jung Inflation nennt. Man bläht sich mit Inhalten des Unbewussten auf und verliert dadurch immer mehr den Sinn für die Realität. Man hält sich schließlich für den großen Reformer, für einen Propheten oder Heiligen. Man verleugnet seinen Schatten und wird, ohne dass man es merkt, von seinem Unbewussten überschwemmt. Das führt nach Jung zu einem

Verlust des seelischen Gleichgewichtes, zur Auf-
lösung der Persönlichkeit.[31] Insofern ist die Rede vom Dämon angemessen für die Gefährdung
durch den Stolz. Denn der Stolze gerät durch die
Identifizierung mit Archetypen des Unbewussten
ganz in dessen Gewalt, er wird regelrecht besessen. Daher sprechen die Mönche gerade im Zusammenhang mit dem Stolz von der Verwirrung
des Geistes und gar vom Verlust des Geistes.[32]

Die acht Laster und die dazu gehörenden Dämonen gefährden den Menschen in zunehmendem
Masse. Während die drei Grundtriebe verhältnis-
mäßig leicht im Zaum zu halten sind, ist das mit
den drei Stimmungen wesentlich schwieriger. Von
einem erwachsenen Menschen erwartet man, dass
er die drei Grundtriebe so beherrscht, dass sie dem
Ganzen seiner Persönlichkeit nicht schaden. Sicher
gibt es hier ein mehr oder weniger. Da die Triebe
ja eine positive Funktion haben, geht es auch nicht
darum, sie auszuschalten, sondern nur darum, sie
geordnet zu integrieren. In der Auseinandersetzung mit den drei Stimmungen geht es jedoch um
die Integration des eigenen Schattens. Zunächst
müssen die Bedürfnisse und Wünsche eingestanden werden, damit sie nicht als negative Emotionen unkontrollierbar die Seele besetzen. Dann geht
es gerade im Kampf gegen Traurigkeit und Lustlosigkeit um die Auseinandersetzung mit dem Unbewussten, vor allem um die Integration der *anima*,
des weiblichen Seelenteiles, der sich beim Mann als
schlechte Laune äußert, wenn er verdrängt wird.
Diese Auseinandersetzung vollzieht sich sowohl

nach Jung als auch nach Evagrius in der Lebensmitte und sie gestaltet sich wesentlich schwieriger als die Beherrschung der Triebe. Im Kampf gegen Ruhmsucht und Stolz geht es um die Ehrlichkeit sich selbst gegenüber und um die Beziehung zu Gott. In der Jungschen Terminologie geht es um die Frage, ob das Ich dem Selbst Platz macht, ob das Ich versucht, die Inhalte des Unbewussten zu besitzen und sich damit zu bereichern, oder aber ob es sich dem Numinosen öffnet und ergibt, das ihm in den Archetypen des Unbewussten, vor allem im Archetyp Gottes begegnet. Religiös ausgedrückt geht es um die Frage, ob ich Gott und die Menschen für mich ausnützen will, sie zu meiner eigenen Verherrlichung benutze, oder aber ob ich Gott und den Menschen dienen will, ob ich bereit bin, meine Ideale und Gottesbilder loszulassen und mich dem wirklichen Gott zu überlassen, mich seiner Liebe zu ergeben.

IV. Der Kampf mit den Dämonen

1. Verschiedene Techniken

Wie sieht nun der Kampf mit den Dämonen aus? Die erste Methode, die der Mönch im Kampf gegen die Dämonen anwenden soll, ist die genaue Beobachtung der Gedanken und Bilder, vor allem, wie die Gedanken und Gefühle miteinander zusammenhängen und wie sie aufeinander folgen. Dazu Evagrius:

Wenn ein Mönch durch Erfahrung, die wilden Dämonen kennenlernen und sich mit ihrer Technik vertraut machen will, dann beobachte er die Gedanken, beachte ihrer Dauer, ihr Nachlassen, ihre Verschlingungen, ihre Zeiten, und welche Dämonen dieses oder jenes tun, welcher Dämon welchem anderen folgt und welcher ihm nicht folgt. Und er erfrage von Christus die Gründe davon. In der Tat, die Dämonen können die nicht ertragen, die mit Wissen an die Praxis herangehen, denn sie wollen im Dunkeln fangen, die rechten Herzens sind. (P 50)

Das Wissen um die Dämonen nimmt ihnen schon ihre Gefährlichkeit. Das Wissen ist aber Ergebnis einer langen und ehrlichen Beobachtung seiner selbst. Sobald die Zusammenhänge der Gedan-

ken und Gefühle durchschaut sind, sobald man
die Mechanismen entdeckt hat, die in uns immer
wieder ablaufen, hat man schon den ersten Schritt
im Kampf gegen die Dämonen getan. Wenn man
sich nur über seine schlechten Launen beklagt oder
über seine Schwächen gegenüber bestimmten Versuchungen, nützt das nichts. Entscheidend ist, die
Ursachen der schlechten Launen zu entdecken. Von
welchen äußeren Fakten sind sie abhängig, von
welchen inneren Dispositionen? Wenn man seine
Gefährdungen genauer kennt, kann man sich auch
leichter dagegen schützen. Was Evagrius hier beschreibt, deckt sich mit den Anweisungen, die die
Verhaltenspsychologie heute gibt. Die Verhalten-
spsychologen empfehlen uns, unsere Verhaltensweisen zu registrieren, sogenannten Grundhäufig-
keiten des bestehenden Verhaltens zu erheben und
dann in einem zweiten Schritt nach den vorausgehenden Ereignissen zu fragen. Dabei werden vier
Arten von vorausgehenden Ereignissen unterschie-
den, die unser Verhalten beeinflussen: raumzeit-
liche Umstände, soziale Gegebenheiten, das Verhalten anderer Leute und die eigenen Gedanken.[33]
Vergleicht man diese vier Arten von Ereignissen mit
den Weisen, wie die Dämonen laut Evagrius auf die
Menschen einwirken können, so entdeckt man eine erstaunliche Parallelität.

Die Beobachtung der Dämonen ist jedoch während der Versuchung kaum möglich, da in diesem
Moment der Geist getrübt ist. Daher soll man sich
nach der Versuchung die Situation nochmals genau rekonstruieren:

Setz dich zu dir selbst, erinnere dich an alles, was vorgefallen ist, wie du angefangen hast, wie es dann weiterging, an welchem Ort du vom Geist der Unzucht, des Zornes oder der Traurigkeit erfasst worden bist, und wie alles vor sich gegangen ist, und erforsche es genau und halte es im Gedächtnis fest, damit du den Gedanken, wenn er wieder kommt, zu entlarven verstehst. (PG 79, 1212)

Man wird nicht leicht jeder Versuchung entgehen können, aber wenn man sich nachträglich die Situation analysiert und erkennt, welcher Mechanismus da bei einem abgelaufen ist, ist man vor ähnlichem Überwältigtwerden durch Dämonen auf der Hut. Evagrius rät sogar, man solle den Dämon der acedia ruhig einen oder zwei Tage in sich einlassen. Denn nur so könne man ihn kennenlernen und wirksam in die Flucht schlagen. (Vgl. PG 79, 1212) Um den Dämon genau zu untersuchen, ist also eine gewisse Vertrautheit mit ihm nötig. Man muss ihn an sich heran lassen, um ihn in den Mechanismen durchschauen zu können, die er immer wieder anwendet.

Die Frage nach den Gründen der Gedanken kehrt bei Antonius als Frage nach dem Namen des Dämons wieder. In einer Ansprache an seine Mönche erzählt er von seiner eigenen Erfahrung mit den Dämonen und gibt folgenden Rat:

Wenn eine Erscheinung geschieht, so falle nicht nieder in Feigheit, sondern frage zuerst mutig, von welcher Art sie auch sei: Wer bist du und woher kommst du? Und wenn es ein Gesicht von Heiligen ist, dann geben sie dir Sicherheit und wandeln dei-

ne Furcht in Freude. Wenn die Erscheinung aber eine teuflische ist, dann wird sie sogleich kraftlos, wenn sie den Geist stark sieht; denn es ist ein Zeichen von Seelenruhe, wenn man einfach fragt: Wer bist du und woher kommst du? So fragte der Sohn Naves und kam zur Erkenntnis, und es blieb der Feind dem Daniel nicht verborgen, der ihn ausforschte. (Ant 43)

Die Frage nach dem Namen des Dämons zeigt, dass man sich von einem Gedanken nicht einfach hinreißen lässt, sondern dass man einen eigenen Standpunkt hat, von dem aus man alles, was auf einen einströmt, beurteilen kann. Evagrius fordert die Mönche auf, die Gedanken vor dem Tribunal des eigenen Herzens zu beurteilen und sie auf die Probe zu stellen, indem man sie belastet. Wenn sie vor der Belastung fliehen, ist es ein Beweis, dass sie dämonisch sind. Wenn sie standhalten, dann sind sie gut.[34] Was Evagrius unter dieser Belastung versteht, ist nicht ganz klar. Doch offensichtlich geht es im Beurteilen der Gedanken nicht um einen intellektuellen Vorgang, sondern um ein Prüfen, wie weit sich ein Gedanke leben lässt. Wenn ein Gedanke sich auch gegenüber Widerständen und zu erwartenden Schwierigkeiten und Leiden leben lässt, dann muss er von Gott stammen. Wenn nicht, zeigt das, dass ein Dämon uns verwirren wollte.

In einem weiteren Text entfaltet Evagrius, wie man die Dämonen beobachten und erkennen kann:

Es ist auch notwendig, dass wir die Unterschiede zwischen den Dämonen kennenlernen und die

Umstände ihres Kommens beobachten. Wir erkennen aus den Gedanken (und die Gedanken erkennen wir aus den Dingen), welche Dämonen selten erscheinen und schwerer sich auf die Seele legen, welche häufiger und dafür leichter sind, und welche plötzlich angreifen und den Geist zur Gotteslästerung treiben. Das zu erkennen ist notwendig, damit wir im Augenblick, da die Gedanken ihren eigenen Stoff zu bewegen anfangen und bevor wir zu weit aus dem Zustand verjagt sind, der uns gemäß ist, Worte gegen sie aussprechen und den Dämon bezeichnen, der uns gerade befällt. Auf diese Weise werden wir mit Gottes Hilfe leicht Fortschritte machen. Und wir werden bewirken, dass die Dämonen sich voll Bewunderung für uns und voller Bestürzung davonmachen. (P 43)

Zwei wirksame Waffen im Kampf gegen die Dämonen werden hier angesprochen. Einmal ist es wichtig, den Dämon zu benennen. Sobald wir einen Gedanken, eine Absicht, ein Gefühl, eine Leidenschaft beim Namen nennen, haben wir schon eine gewisse Distanz dazu gewonnen. Das Aussprechen unseres inneren Zustandes geht über das bloße Wissen hinaus. Wissen kann noch in unserem Kopf und damit ohne Wirkung bleiben. Sobald wir jedoch den Gedanken beim Namen nennen, haben wir ihn schon fast im Griff.[35]

Die zweite Waffe, die Evagrius hier empfiehlt, ist die sogenannte antirrhetische Methode: Man soll dem Dämon ganz bestimmte Worte entgegenschleudern. Evagrius erklärt diese Methode an einer anderen Stelle noch genauer:

Wenn du versucht wirst, bete nicht, bevor du nicht voller Zorn einige Worte gegen den geschleudert hast, der dich bedrängt. Denn wenn deine Seele voller Gedanken ist, dann kann auch das Gebet nicht rein sein. Doch wenn du gegen die Gedanken etwas voll Zorn sagst, verwirrst und vertreibst du die Vorstellungen, die dir die Gegner eingegeben haben. Denn das ist die natürliche Wirkung des Zornes, dass er die Gedanken vertreibt, auch wenn es gute sind. (P 40)

Entscheidend für die antirrhetische Methode ist also der sinnvolle Einsatz des Zornes. Der Zorn vertreibt aus dem Verstand die Gedanken. Das gilt für die guten wie für die schlechten. Der gute Gebrauch des Zorns liegt nun darin, ihn gegen die schlechten Gedanken einzusetzen. An einer anderen Stelle sagt Evagrius, es liege in der Natur des emotionalen Teiles der Seele, zu der ja auch der Zorn gehört, gegen die Dämonen zu kämpfen. (Vgl. P 24) Es nützt also nicht viel, nur mit dem Verstand seine Gedanken zu durchschauen, innere Fehlhaltungen und unlautere Motive zu erkennen. Der eigentliche Kampf spielt sich im emotionalen Teil der Seele ab. Ich muss meine Gefühle gegen die Dämonen einsetzen. Und da ist das wirksamste Gefühl der Zorn, der sich voller Erregung auf einen Gegner stürzt und ihn so in die Flucht schlägt. Im Zorn bemitleidet sich der Versuchte nicht selbst, sondern wagt den Kampf. Er wird also aktiv und geht mit dem Einsatz seines Herzens gegen Gedanken vor, die ihn in die falsche Richtung zu ziehen versuchen.

In diesem Kampf kann man auch die Feindschaft der Dämonen untereinander zu Hilfe nehmen. Der Dämon der Ruhmsucht ist zum Beispiel dem Dämon der Unzucht entgegengesetzt. So kann man durch den Dämon der Ruhmsucht den der Unzucht austreiben. Evagrius zitiert in diesem Zusammenhang ein in der Antike bekanntes Sprichwort: Man kann den Schlüssel mit dem Schlüssel hinauswerfen. (Vgl. P 58)

Bei Antonius zeigt sich der Einsatz der Emotionen gegen die Dämonen im Verlachen und Verspotten. Als er von den Dämonen zerpeitscht und zerstochen in heftigen Schmerzen dalag, rief er den Dämonen voll Hohn entgegen:

Wenn ihr Macht hättet, genügte es, wenn auch nur einer von euch käme. Aber da der Herr euch die Kraft genommen hat, versucht ihr durch eure Menge vielleicht Furcht einzuflössen. Ein Zeichen eurer Schwäche ist es, dass ihr die Gestalt von wilden Tieren nachahmt. (Ant 9)

Immer wieder fordert Antonius die Mönche auf, die Dämonen zu verachten und zu verlachen. Im Verlachen aktiviert man seine Emotionen und schleudert sie den Dämonen entgegen. Das ist schon rein menschlich gesehen ein wirksames Mittel, über die Gedanken Herr zu werden. Doch für Antonius gründet dieses Verlachen der Dämonen im Glauben an die Gegenwart des Herrn, der ihm im Kampf beisteht und den Sieg garantiert. So mahnt er die Mönche, sie sollten sich nicht selbst Angst vor den Dämonen einjagen, sondern überlegen:

Wir wollen in unserem Inneren erwägen, dass der Herr mit uns ist, der sie (die Dämonen) verscheuchte und niederwarf. Wir wollen überlegen und immer beherzigen, dass die Feinde uns nichts tun werden, da der Herr mit uns ist. (Ant 42)

Aus dem Glauben an die Gegenwart des Herrn schleudert Antonius den Dämonen immer wieder Worte aus der Schrift entgegen. Er erzählt selbst von seinen Kämpfen:

Einst kamen sie unter Drohungen und umringten mich wie Kriegsleute mit ihrer Rüstung. Ein andermal wieder füllten sie mit Pferden, wilden Tieren und Schlangen das Haus. Ich aber sang den Psalm: »Jene sind in Streitwagen, jene sitzen auf Rossen. Wir aber werden groß werden im Namen des Herrn unseres Gottes.« Und durch die Gebete wurden sie verjagt im Namen des Herrn. (Ant 39)

Oft peinigten sie mich mit Schlägen, ich aber sagte: »Nichts wird mich trennen von der Liebe Christi.« (Ant 40)

2. Die antirrhetische Methode

Evagrius gibt in seinem Werk *Antirrhetikos* eine große Auswahl von Worten aus der Schrift, die der Mönch im Kampf gegen die Dämonen wirksam einsetzen kann. Er ordnet diese Worte den Dämonen der acht Laster zu. Zunächst zählt er die verschiedenen Gedanken auf, die die Dämonen den Mönchen eingeben können. Und gegen jeden dieser Gedanken setzt er dann ein Wort aus der Schrift. Zuerst analysiert er jeweils die Situation, in der sich einer befindet. Der Verstand muss also erst einmal den Zustand durchschauen. Und dann sollen mit dem Einsatz des Gefühls die Worte aus der Schrift gegen den bedrängenden Gedanken gesprochen werden. Evagrius erhofft sich von dieser Methode eine Heilung des jeweiligen Zustandes. Das Wort aus der Heiligen Schrift ist nicht zufällig gewählt, sondern in ihm ist schon eine Überwindung des bedrängenden Gedankens gegeben. Das Wort durchschaut die Situation, durchschaut die Schliche der Dämonen und trägt in sich schon den Sieg, nicht indem es die Versuchung mit Argumenten widerlegt, sondern indem es ihnen eine andere Realität entgegensetzt. Das Wort ist zugleich Wort Gottes und in ihm kämpft daher Gott selbst auf der Seite des Menschen gegen die Dämonen. Gott konkretisiert sich in dem Wort als der, der mir gegen den Feind beisteht, der mich gerade jetzt bedrängt.

Ein paar Beispiele mögen die antirrhetische Methode verdeutlichen:

Beim Laster der Völlerei nennt Evagrius folgende Versuchung:

Anti I, 11: Gegen den Gedanken, der mich wegen meines Lebens in harter Armut verbittert: Der Herr ist mein Hirt, nichts wird mir fehlen. (Ps 23,1)

Gegen die Verbitterung, die aus dem Bedürfnis nach Essen und Trinken entspringt, wird also eine andere Realität gesetzt: Gott, der mein Hirte ist und dafür sorgt, dass es mir an nichts mangelt. Das ist keine logische Widerlegung der Versuchung. Es ist ein Satz, den ich erst glauben muss. Aber wenn ich an die Realität dieses Satzes glaube, wenn mich dieser Satz ins Herz getroffen hat, dann ist die Versuchung überwunden, dann weicht die Verbitterung der Freude am Herrn. Es sind keine billigen Sprüche, mit denen Evagrius die Bedrängnis verharmlost. Es sind Worte, die der Beter voll Zorn gegen die Dämonen schleudern soll, in die er sich also erst selbst hineinringen muss, um sie zu glauben, und um in ihnen eine Waffe zu haben.

Der Dämon der Unzucht ist folgendermaßen zu bekämpfen:

Anti II, 23: Gegen die unreinen Gedanken, die in uns andauern, häufig abscheuliche Bilder in uns aufsteigen lassen und den Geist durch leidenschaftliche schändliche Begierden fesseln: Fort von mir, ihr Frevelnden all. Denn der Herr erhörte meinen weinenden Ruf. Der Herr hat mein flehentlich Bitten erhört. (Ps 6,9f)

Die Gedanken der Unzucht werden hier als übermächtiger Gegner erfahren, dem der Mönch oft hilflos ausgeliefert ist. Das Wort, das man dieser Versuchung entgegensetzen soll, analysiert nicht die Ursache der Gedanken, sondern überwindet den Gedanken durch den Glauben an Gottes Beistand. Weil Gott in der Versuchung gegenwärtig ist, hat der Mönch genügend Motivation, dagegen zu kämpfen, dem Trieb nicht einfach nachzugeben, sondern die Herrschaft des Triebes zu durchbrechen. Der Trieb wird nicht ausgelöscht. Indem der Kampf mit ihm aufgenommen wird, wird seine positive Kraft integriert. Der Kampf spielt sich als ein Ringen um die stärkere Motivation ab. Ist die Erfüllung des Triebes oder der Gedanke an Gottes Gegenwart stärker? Indem der Mönch sich an den gegenwärtigen Gott klammert, entscheidet er sich für Gott als die eigentliche Motivation seines Handelns und damit handelt er realitätsgerechter, als wenn er sich vom Trieb beherrschen ließe.

Ein Beispiel für das Laster der Habsucht:
Anti III, 9: Gegen den Gedanken, der es nicht zulässt, dem bedürftigen Bruder etwas zu geben, und einem Bittsteller Geld zu leihen: Verschließe deine Hand nicht vor dem Bedürftigen, sondern öffne sie ihm und gib ihm, soviel er bittet. (Dtn 15,17f)
Hier ist das Wort Gottes, das dem Dämon entgegengehalten wird, ein Befehl, der genau das Gegenteil von dem verlangt, wozu uns der Dämon überreden will. Die Gedanken, die uns der Dämon eingibt, erscheinen vernünftig. Es gibt ja immer Gründe, dem anderen nichts zu geben. Er könnte uns ja betrügen, wir könnten selbst in Not geraten. Gegen diese Gedanken wird auf gleicher Ebene die gegenteilige Forderung gesetzt: gibt ihm, soviel er will. Und diese Forderung wird als Befehl Gottes verstanden, der stärker wiegt als die Gründe, die der Dämon uns eingibt.

Gottes Befehl wird nicht näher begründet, er widerlegt die Gründe der Dämonen nicht, er wird einfach hingestellt. Indem man sich das Wort Gottes immer wieder vorsagt, richtet sich auch allmählich das Handeln danach. Das Wort Gottes wird ein innerer Befehl, er wird zum nicht mehr hinterfragten Motiv unseres Tuns und wirkt in uns stärker als die Gier zu besitzen, die vorher als ebenso wenig hinterfragtes Motiv unser Handeln bestimmt hat.

Beim Laster der Traurigkeit nennt Evagrius folgende Situation:

Anti IV, 16: Gegen die Seele, die in Furcht und Zittern gerät vor den Dämon, die sich ihr zeigen, und die meint, dass der Herre sie verlassen habe: Ein barmherziger Gott ist der Herr, dein Gott. Er wird dich nicht aufgeben und verderben. (Dtn 4,31)

Heute würde die Psychologie diese Situation etwas anders beschreiben, sie würde sie als Depression bezeichnen, die von Verlassenheitsgefühlen begleitet ist. Es stellt sich allerdings die Frage, ob sie wirksamere Heilmittel dagegen anbieten kann als Evagrius, der auf die Geborgenheit bei Gott verweist. Oder nehmen wir eine andere Anfechtung:

Anti IV, 73: Gegen den Dämon, der mir die Sünden meiner Jugend vorhält: Ist also einer in Christus, ist er eine Neuschöpfung. Das Alte ist vergangen, siehe es wurde neu. (2 Kor 5,17)

Hier ist von der Bewältigung der Vergangenheit die Rede. Die Psychologie sucht ja bei den meisten Problemen und Krankheiten nach Ursachen in der Vergangenheit. Die Einsicht in die Ursachen allein genügt allerdings nicht. Es besteht sogar die Gefahr, dass ich mich mit der Erklärung aus der Vergangenheit um die Bewältigung meiner jetzigen Probleme drücke. Für viele dient die Entdeckung einer verkorksten Erziehung nur dazu, andere anzuklagen. Doch das heilt nicht. Irgendwann kommt für jeden der Punkt, an dem er sich mitsamt seiner Vergangenheit annehmen muss. Sobald er das tut, kann er seine Vergangenheit loslassen, wird er frei von ihrer Last.

Das Wort aus dem Korintherbrief, das Evagrius für solche Situationen empfiehlt, bewältigt die Vergangenheit auf eine andere Art. Entscheidend sind nicht die Fehler der Jugend, weder fremde noch die eigenen, entscheidend ist vielmehr, dass es in mir eine neue Wirklichkeit gibt, die genauso real ist wie meine Vergangenheit. Christus selbst ist in mir und kann mich umwandeln, so dass die durch mich oder andere verkorkste Vergangenheit nicht mehr zählt. Sie fällt ab wie eine Last und ich bin frei für die Zukunft.

Beim Zorn führt Evagrius folgende Situation an:

Anti V, 49: Gegen die Gedanken des Zorns, die nicht zulassen, dass wir uns mit den Brüdern versöhnen, indem sie uns allerhand vernünftige Gründe dagegen einreden. Es wäre doch eine Schande, es geschähe ja nur aus Furcht oder Ruhmsucht, außerdem würden wir dazu beitragen, dass der, der gefallen ist, wieder in den ersten Fehler zurückfällt. Solche Vorwände sind Zeichen für die teuflische Technik des Dämons, der nicht will, dass unser Denken vom Groll frei wird: Zürnt ihr, so sündigt nicht, die Sonne soll nicht untergehen über eurem Zorn. (Eph 4,20)

Hier beschreibt Evagrius eine Technik der Dämonen, die wir heute Rationalisierung nennen. Der Verstand findet alle möglichen Gründe, etwas nicht zu tun. Er merkt gar nicht, wie er der inneren Stimme, die ihm zum rechten Tun antreibt, entgegenhandelt. Häufig fühlen sich solche Menschen in einem Zwiespalt, der sie nicht wirklich glücklich macht. Instinktiv spüren sie, was sie tun müssten. Aber dann halten sie alle möglichen herbeigezogenen Gründe davon ab. Evagrius löst diesen Zwiespalt auf, indem er schlicht eine Norm aufstellt, um die sich der Mönch nicht drücken kann. »Die Sonne soll nicht untergehen über eurem Zorn.« Dieses Wort des Apostels hat für Evagrius eine Autorität, die nicht mit Vernunftgründen aufzulösen ist und so hilft diese Autorität, das raffinierte Spiel der Rationalisierung zu durchschauen und zu überwinden.

Bei der acedia finden wir folgenden Rat:

Anti VI, 14: Gegen die Seele, die in der acedia hoffnungslose Gedanken in sich aufnimmt, dass doch das mönchische Leben so mühselig sei und nur schwer aufzuhalten: Verlasse dich auf den Herrn, und tue, was recht ist. (Ps 37,3)

Die Klage, dass das Leben zu schwer für einen sei, hört man heute nur allzu oft. Evagrius tröstet hier nicht, sondern fordert, man solle sich auf den Herrn verlassen und tun, was recht ist. Dieser Satz, immer wieder mit erregtem Herzen vorgebracht, soll den Mönch vor allem Selbstmitleid bewahren und ihn aus dem »Sichselbstbedauern« herausführen in ein Tun und in ein Vertrauen, das sich mit starkem Herzen auf den Herrn verlässt. Es ist keine billige Technik, kein psychologischer Trick, sondern es ist ein Ernst nehmen eines biblischen Wortes, des Wortes Gottes, in dem Gott selbst die Richtigkeit der Verheißung garantiert. Im autogenen Training werden heute auch immer wieder Vertrauenssätze empfohlen, die man sich einreden soll und die dann, so zeigt die Erfahrung, auch zu einem gewissen Vertrauen führen. Hier wird über die menschliche Dimension hinaus ein Wort Gottes zur Wiederholung empfohlen. Und von seiner göttlichen Kraft erhofft der Beter Heilung. Denn im Wort wirkt Gott selbst als unser Arzt.

Das Wort Gottes verheißt jedoch nicht immer Linderung, es kann uns auch Bedrängnis zumuten:

Anti VI,24: Gegen den Gedanken, der uns zur Zeit der acedia anstachelt, zu den Brüdern zu gehen, um angeblich von diesen getröstet zu werden: Es ist keiner, der meine Seele tröstet. Denke ich an Gott, dann muss ich stöhnen. (Ps 77,3f)

Hier wird also keine Lösung des unangenehmen Zustandes der acedia vorgeschlagen, sondern der Mönch wird angespornt, diesen Zustand auszuhalten, vor ihm nicht davonzulaufen, darin eine Erfahrung Gottes zu sehen. Indem er diese Erfahrung in den Psalmen wieder findet, verliert seine eigene Situation das Unheimliche und Beängstigende. Etwas Bekanntes ist nicht mehr so gefährlich. Es kann in Gemeinschaft mit den Betern der Psalmen leichter durchgestanden werden. Der Mönch fühlt sich dann nicht allein in seinem Kampf, sondern in Gemeinschaft mit den Verfassern der Psalmen und mit all den anderen Mönchen, von denen er weiß, dass sie diesen Psalm immer wieder beten. Das Vorbild der Frommen aus dem Alten Testament und die Gemeinschaft mit all denen, die diesen Vorbildern folgen, gibt dem einzelnen Kraft, seine Situation zu bestehen. Er fühlt sich eingebunden in eine große Gemeinschaft von Menschen, die ähnliche Erfahrungen machen wie er und von denen er weiß, dass sie kämpfend durchgehalten haben oder am Durchhalten sind.

Einen eigenartigen Rat gibt Evagrius bei einem anderen typischen Gedanken der acedia:

Anti VI, 26: Gegen den Gedanken der acedia, der ein anderes Kellion als Aufenthaltsort zu finden sucht, angeblich weil der erste ganz hassenswert und voller Feuchtigkeit sei, aus der alle Krankheiten kämen: Dies ist meine Ruhstatt für ewig, hier will ich wohnen, ich hab es gewünscht. (Ps 132,14)

Diesen Vers aus Psalm 132 sagt eigentlich Gott von sich, da er Zion zu seinem Wohnsitz erwählt hat; doch jetzt dient er dem Mönch dazu, seine Versuchung zu überwinden, vor seinem Kellion und damit vor sich selbst und einer Auseinandersetzung mit seinen Gedanken zu fliehen. Das Wort deutet ihm sein Kellion, das ihm noch kurz zuvor feucht und hassenswert vorkommt, als den Ort, an dem er für immer thronen wird, nachdem er den Sieg über sich selbst errungen hat. Von moderner Exegese hat Evagrius zwar nichts verstanden, dafür aber umso mehr von der menschlichen Seele, von ihrer Gefährdung und von ihrer Heilung. Natürlich kann so ein Psalmvers auch ganz falsch eingesetzt werden, etwa wenn einer an seinem Posten mit Gewalt festhält, obwohl er seinen Mitarbeitern nur noch Schaden bringt. Damit so ein Wort aus der Schrift heilen kann, anstatt die Krankheit nur noch zu stützen, hat Evagrius in seinem Antirrhetikon für die jeweilige Situation die passenden Worte aus der Schrift ausgesucht und damit nur die Erfahrung seiner Mitstreiter im Mönchtum gesammelt und anderen zugänglich gemacht. Es täte uns heute gut, wenn wir für unsere Krankheiten und Gefährdungen die richtigen Worte parat hätten, die eine Heilung bewirken könnten, wenn wir sie uns im Glauben an ihre Realität immer wieder vorsagen würden.

Ein weiteres Beispiel für die acedia:

Anti VI, 36: Gegen die Seele, die wegen einer Krankheit des Körpers Gedanken der acedia in sich einlässt: Tragen muss ich den Zorn des Herrn, denn wider ihn hab ich gefehlt, bis er meinen Streit führt und mir Recht verschafft. Er führt mich hinaus ans Licht, seinen gerechten Sinn darf ich schauen. (Mich 7,9)

Hier wird die Krankheit als Prüfung gedeutet, die mir der Herr zumutet, als Durchgang durch das Dunkel hinein in das Licht. Oft verwirren uns Widerfahrnisse wie Krankheit und Unglück deswegen so stark, weil sie ohne Deutung bleiben. Sie sind dunkel, unverständlich, undurchschaubar und lassen uns daher im Dunkeln. Die Sinnlosigkeit der Ereignisse verdunkelt uns den Sinn unseres Lebens, raubt uns so die innere Spannkraft und stürzt uns in die acedia, in die Lustlosigkeit, in die Depression. Die Deutung einer Krankheit durch das Wort Gottes gibt uns die Kraft, die Krankheit durchzustehen und daran zu reifen. Wir gewinnen dann durch die Krankheit an innerer Kraft, anstatt uns von der acedia jede Spannkraft rauben zu lassen. Die Deutung der Widerfahrnisse ist jedoch eine sehr subtile Sache. Allzu leicht können wir hier auch falsche Deutungen geben. Dann schadet uns so ein Ereignis noch mehr. Es gibt Menschen, die in einem Unglück Gottes Strafgericht sehen und sich dann für verdammt halten. Auch sie deuten das Unglück, aber sie sind blind, sie deuten es nicht im Blick auf Gottes Wort, sondern ziehen Gottes Worte nur zur Bestätigung ihrer eigenen Ängste oder ihrer eigenen wirren Gedanken heran. Und dann können selbst Gottes Worte Schaden stiften.

Besonders scharfsichtig ist Evagrius beim Laster der Ruhmsucht. Hier durchschaut er all die Gründe, die unser Verstand herbeizieht, hinter denen sich aber in Wirklichkeit nur das Suchen nach der eigenen Ehre versteckt.

Anti VII, 17: Gegen die Seele, die aus Ruhmsucht etwas von den Geheimnissen des Mönchslebens den Weltleuten aufdeckt: Vor den Ohren eines Dummen rede nicht. (Spr 23,9)

Anti VII, 18: Gegen die Gedanken, die uns antreiben, in die Welt zu gehen wegen des Gewinnes derer, die uns sehen: Wie Leckerbissen sind eines Ohrenbläsers Worte, sie gleiten ein ins Innerste des Leibes. (Spr 26,22)

Auf den ersten Blick erscheinen die Gründe vernünftig. Schließlich haben wir ja alle eine apostolische Aufgabe. Wir können unser Verhalten sogar mit den Worten Jesu begründen, dass wir unser Licht nicht unter den Scheffel stellen sollen. Umso mehr verwundern die scharfen Worte, die Evagrius diesen Überlegungen entgegensetzt. Hier wird schonungslos aufgedeckt, was sich hinter den Überlegungen verbirgt.

Eine andere Versuchung besteht darin, sich als Lehrer aufzuspielen, obwohl man selbst noch zu wenig Erfahrung hat. Es ist die Gefahr der Inflation, wie sie Jung öfter beschreibt. Man fühlt sich als Prophet oder als Weltverbesserer, meint, seinen Ideen und Worten käme für das Heil seiner Mitmenschen eine entscheidende Bedeutung zu. Evagrius rät:

Anti VII, 41: Gegen den Gedanken der Ruhmsucht, der uns veranlasst zu lehren, obwohl wir die Gesundheit der Seele und die Erkenntnis der Wahrheit nicht besitzen: Macht euch nicht so zahlreich zu Lehrern, da ihr doch wisst, dass wir ein umso ernsteres Gericht erfahren werden. (Jak 3,1)

Die subtilsten Versuchungen bereitet uns der Stolz, da er sich häufig in das Gewand des Guten und Außergewöhnlichen kleidet:

Anti VIII, 33: Gegen den stolzen Gedanken, der mich hindert, die Brüder zu besuchen, da sie ja doch nicht weiter in der Erkenntnis seien als ich: Verkehre mit den Weisen und du wirst ein Weiser. (Spr 13,20)

Das Wort der Schrift lässt die Brüder in einem anderen Licht erscheinen und entlarvt mein Urteil über sie als überheblich und stolz. Hier wird allerdings deutlich, wie ein und derselbe Gedanke von einem Dämon oder von einem Engel eingegeben sein kann.

Beim Laster der acedia soll der Mönch der Versuchung widerstehen, die Brüder zu besuchen. Wenn er sich hier vorsagen würde, er könne doch von den Brüdern viel lernen, so wären das Scheingründe, denen er nicht folgen dürfte. Beim Stolz jedoch rät Evagrius, zu den Brüdern zu gehen, um von ihnen zu lernen. Daheim bleiben und zu meinen, man käme mit sich und seinen Problemen allein zurecht, wäre Stolz. Es ist also immer genau zu unterscheiden, woher die einzelnen Gedanken kommen. Der Gedanke an sich kann gut oder schlecht sein, von einem Dämon oder einem Engel eingegeben. Woher ein Gedanke kommt, kann man am der inneren Ruhe oder Unruhe erkennen. Die Gedanken der Dämonen bewirken im Menschen immer Unruhe und Verwirrung, während die Gedanken eines Engels immer Ruhe, Freude und Friede im Inneren verbreiten. (Vgl. Anti 35 und 36)

Anti VIII, 38: Gegen die stolzen Gedanken, die mir die Sünden der Brüder enthüllen: Auf alles Gerede, das man redet, gibt nicht acht, um nicht zu hören, wie dein Knecht über dich schimpft. (Pred 7,21)

Hier wird eine Versuchung angesprochen, die sich auch oft den Schein des Guten gibt. Man ist besorgt um das Heil der Brüder. In seiner tiefen

Menschenkenntnis weiß man um ihre Fehler. Man meint, die innersten Motive des anderen zu erkennen, sein tiefstes Problem entdeckt zu haben. Man spricht darüber in einem Ton der Besorgnis, ohne zu merken, dass das eigene Motiv nicht die Sorge und Solidarität zum Bruder ist. Denn dann würde man seine Sünden schweigend zudecken oder sie mittragen. So aber spricht man aus einer Sucht, im Dunkeln zu wühlen. Man ist sich gar nicht bewusst, dass es letztlich das eigene Dunkel ist, das noch nicht erkannt und noch nicht angenommen ist, in dem man wühlt. Es ist immer leichter, es in den anderen hineinzuprojizieren, als es in sich zu entdecken. Davon hält einen der Stolz ab. Das Wort aus dem Prediger, das Evagrius dieser Versuchung gegenüber empfiehlt, deckt die Projektion auf: man soll auf solches Gerede nicht hören, denn sonst müsste man auch hören, wie der Knecht über einen selbst schimpft und auf einmal würde man darauf stoßen, dass die anderen das Gleiche von mir sagen, dass der Schmutz, den ich aufgewühlt habe, auf mich zurückfällt und die anderen hellsichtiger macht für mein eigenes Dunkel.

3. Mittel gegen die einzelnen Laster

Die antirrhetische Methode ist gegen jedes Laster einsetzbar. Evagrius differenziert nur die Worte, die man den Dämonen entgegensetzen soll, nach den acht Lastern. In seinem Traktat *Praktikos* zählt er neben der antirrhetischen Methode noch andere Mittel auf, speziell gegen jedes Laster. Zunächst unterscheidet er nicht nach Lastern, sondern nach den drei Seelenteilen:

Wenn der Geist vagabundiert, dann machen ihn Lesung, Wachen und das Gebet wieder fest. Wenn die Begierde entflammt, zügeln sie der Hunger, die Not und das Sich zurückziehen in die Einsamkeit. Wenn der iraszible Teil der Seele erregt ist, beruhigen ihn der Psalmengesang, die Geduld und die Barmherzigkeit. Das alles muss jedoch im richtigen Augenblick praktiziert werden und im entsprechenden Maß. Denn was ohne Maß und zur Unzeit geschieht, dauert nicht lang, und was nicht lang dauert, schadet mehr als es nützt. (P 15)

Die Mittel, die Evagrius hier empfiehlt, finden wir in der monastischen Tradition immer wieder: bei Gregor von Nazianz, Johannes Damaszenus, Cassian, Johannes Climacus und Maximus Confessor. Die Begierden, die Triebe, werden durch Entzug im Zaum gehalten. Der emotionale Teil dagegen durch positive Gefühle: durch Großherzigkeit und Barmherzigkeit. Im Groll zieht sich das Herz zusammen; sobald es sich weitet, verschwinden die negativen Emotionen. Der Psalmengesang wird häufig als Heilmittel für das durcheinander geratene Gemüt gepriesen. Gregor von Nazianz meint, die Psalmen seien ein melodisches Heilmittel. Und Basilius schreibt in seinen Predigten über die Psalmen:

Der Psalmengesang macht die Seele heiter, erzeugt Frieden, beruhigt die Verwirrung und Unruhe der Gedanken. Er heitert den Zornigen auf und bringt den durcheinander Geratenen in Ordnung.[36]

Indem man die Psalmen singt und sich dabei dem kunstvollen Rhythmus ihrer Poesie und der Schönheit ihrer Melodien überlässt, lässt man positive Gefühle in sich zu, die die Seele zu heilen vermögen.

Evagrius zählt nun gegen jedes Laster eigene Mittel auf. Gegen die *Völlerei* empfiehlt er, dass man die Sättigung meiden und sich mit Wasser und Brot zufrieden geben solle. (Vgl. P 16) Er setzt hier ein äußeres Maß fest, an das man sich halten soll, um die Maßlosigkeit des inneren Lasters zu steuern. Durch eine regelmäßige maßvolle Lebensweise wird der Trieb in Schranken gehalten und kommt allmählich selbst in die rechte Ordnung. Gegen die *Unzucht* empfiehlt Evagrius sparsames Trinken, da er meint, durch vieles Trinken unterstütze man sexuelle Phantasien. (Vgl. P 17) Die *Habsucht* wird besiegt durch das Austeilen von Almosen. Liebe und Habsucht können nicht koexistieren. Daher soll man ganz bewusst das Weggeben und Schenken einüben.

Gegen die *Traurigkeit* kämpft man, indem man die Anhänglichkeit an die Dinge überwindet:

Der, der alle Vergnügen der Welt flieht, ist eine unbetretbare Burg für den Dämon der Traurigkeit. Die Traurigkeit ist in der Tat die Frustration eines gegenwärtigen oder erwarteten Vergnügens. Und es ist unmöglich, diesen Feind zu vertreiben, wenn wir emotional an diesen oder jenen irdischen Dingen hängen. Denn der Dämon wirft dort sein Netz aus und erzeugt dort die Traurigkeit, wo er sieht, dass unsere Neigung hingeht. (P 19)

Evagrius geht hier also an die Ursache der Traurigkeit. Er will nicht das Symptom verschwinden lassen. Das könnte durch andere Dinge geschehen: durch Selbsttrostmittel wie Essen und Trinken oder Musikhören. Doch wenn die Ursache für meine Traurigkeit nicht beseitigt ist, brauche ich immer mehr diese Tröstungen, die dann jeweils nur kurz anhalten. Daher muss ich meine Einstellung zu den Dingen ändern. Ich darf nicht an den Dingen hängen, weder an Menschen, noch am Besitz, noch am Erfolg. Evagrius weiß allerdings auch, dass man nicht nur an die Wurzeln der Traurigkeit gehen muss, sondern dass es durchaus auch sinnvoll ist, die Symptome zu behandeln. Daher empfiehlt er den Psalmengesang und das Gebet, die die Traurigkeit vertreiben.

Dem Kampf gegen den *Zorn* widmet Evagrius größte Aufmerksamkeit, da ja der Zorn in seinen Augen das Charakteristikum der Dämonen ist. Zorn vermehrt im Menschen den *thymos,* den emotionalen Teil der Seele, und lässt sie dadurch selbst dämonisch werden. Als Heilmittel dagegen empfiehlt Evagrius Barmherzigkeit und Milde. Er begründet das damit, dass diese beiden Haltungen den thymos mindern. (P 20) In der Barmherzigkeit wird das Herz weit. Die Emotionen stauen sich nicht mehr, sondern können abfließen. Die Gefühle verändern die menschliche Seele. Wer dem Zorn in sich lange Raum gibt, der wird davon infiziert. Er wird dämonisch, wie Evagrius sagt. Wer dagegen Milde in sich einlässt, dessen innerer Zustand verwandelt sich. Die Gefühle bleiben nicht äußerlich, sondern schaffen in uns eine innere Disposition, die unser Denken und Handeln bestimmt. Daher ist es so wichtig, positive Gefühle zu entwickeln.

Als weiteres Mittel im Kampf gegen den Zorn rät Evagrius:

Die Sonne gehe nicht unter über unserem Zorn, damit die Dämonen nicht in der Nacht kommen und die Seele erschrecken und den Geist am nächsten Tag für den Kampf feige und furchtsam machen. Denn die schrecklichen und den Geist am nächsten Tag für den Kampf feige und furchtsam machen. Denn die schrecklichen Erscheinungsbilder entstehen aus der Erregung des emotionalen Teils, und nichts verleitet den Geist so zum Aufgeben wie die Erregung des thymos. (P 21)

Wenn der Zorn nicht vor dem Schlaf aufgearbeitet wird, sondern mit in den Schlaf genommen wird, dann erzeugt er Alpträume. Er beeinflusst das Unbewusste im Schlaf negativ, so dass man am nächsten Tag eine schlechtere Ausgangsposition hat. Man ist ängstlich, innerlich geschwächt, unfähig, gegen die negativen Emotionen zu kämpfen. Ähnlich gefährlich, wie den Zorn in den Schlaf mitzunehmen, ist es, sich mit ihm in die Einsamkeit zu vergraben. Für den Zornigen ist Einsamkeit Gift. Sie führt zur Verwirrung des Herzens. (Vgl. P 22) Daher ist es für den Zornigen gut, unter die Menschen zu gehen, damit sich der Zorn nicht festsetzen kann. Als weiteres Mittel gibt Evagrius an, die positive Funktion des thymos zu aktivieren. Dem *tyhmos* kommt es zu, für ein Vergnügen zu kämpfen. Wenn uns die Engel geistige Vergnügen und Freuden vor Augen halten, dann ermuntern sie uns, unseren thymos gegen die Dämonen zu richten und die Dämonen zu bekämpfen. (Vgl. P 24) Der emotionale Teil der Seele braucht also ein gutes Ziel, dann wirkt er positiv auf uns ein.

Der Kampf mit der acedia ist einer der schwierigsten im Leben eines Mönches. Da der Dämon der acedia nicht bloß einen Teil der Seele, sondern die ganze Seele befällt, geht es in diesem Kampf um alles oder nichts. Es werden verschiedene Kampfmittel empfohlen. Wir folgen zunächst Evagrius:

Wenn wir dem Dämon der acedia verfallen sind, dann teilen wir unter Tränen unsere Seele in zwei Teile: einen, der tröstet und den anderen, der getröstet wird. Und indem wir in uns gute Hoffnungen säen, singen wir mit dem hl. David: Was bist du betrübt, meine Seele, und warum verwirrst du mich? Hoffe auf Gott, denn ich werde ihn loben. Er ist das Heil meines Angesichts und mein Gott. (P 27)

Hier werden die Tränen als Heilmittel gegen die acedia empfohlen. Es ist gerade ein Zeichen der acedia, dass sie innerlich hart und gefühllos ist. Man fühlt sich ausgebrannt, leer und öde, hat alle seine Gefühle verdrängt, um den Schmerz nicht spüren zu müssen. Durch die Tränen bricht die harte Kruste auf und es kann wieder Leben in die Seele einströmen. Die Tränen werden von den alten Mönchen als befruchtender Regen gesehen, der die ausgedörrte Seele befeuchtet und belebt.

Das zweite Mittel, das Evagrius hier empfiehlt, ist die schon bekannte antirrhetische Methode. Doch hier ist die Beschreibung interessant: Die Seele teilt sich und beginnt mit sich selbst einen Dialog. Dabei spielt sie zwei Rollen: die des Sprechers und die des Angeredeten, die des Trösters und die des Getrösteten. Diese Methode wird auch heute in der Psychologie angewendet. Da wird empfohlen, dass man sich vorstellen solle, man sitze auf einem Stuhl vor sich selbst. Und nun solle man beginnen, mit dem eigenen Ich, das da auf dem Stuhl sitzt, zu sprechen. Man solle all seinen Ärger und seine Wünsche ansprechen und einen Dialog mit ihnen beginnen. Dabei solle man nicht autoritär und hart gegen sich vorgehen, sondern seine Gefühle und seine Wünsche ernst nehmen. Auch Evagrius nimmt mit seinem Rat die Trauer und die Betrübnis der Seele ernst. Er verurteilt sich deswegen nicht selbst, sondern fühlt sich in die Traurigkeit ein, um sie dann mit der Hoffnung auf Gott zu trösten.[37]

Als weiteres Mittel im Kampf gegen die acedia gibt Evagrius das Aushalten in der Zelle an:

In der Stunde der Versuchung darf man die Zelle nicht verlassen, auch wenn die Gründe plausibel scheinen, die man sich ausheckt. Man muss vielmehr drinnen sitzen bleiben, ausharren, tapfer alle Angreifer empfangen, vor allem aber den Dämon der acedia. Da dieser der beschwerlichste von allen ist und der Seele am meisten abverlangt, stärkt er sie aber auch am meisten. Denn solche Kämpfe zu meiden, macht den Geist ungeschickt, feige und flüchtig. (P 28)

Den Rat, in der Zelle zu bleiben, geben zahlreiche Altväter. In den Apophthegem wird ein paarmal von Mönchen berichtet, die meinten, sie müssten ihre Mitbrüder besuchen, um ihnen den Dienst der Liebe zu erweisen. Und immer wieder wird der Rat gegeben, dieser Versuchung ja nicht nachzugeben, sondern in der Zelle zu bleiben.

Jemand sagte zum Altvater Arsenios: »Meine Gedanken quälen mich, indem sie mir sagen: Du kannst nicht fasten und auch nicht arbeiten, so besuche wenigstens die Kranken; denn auch das ist Liebe.« Der Greis aber, der den Samen der Dämonen kannte, sagte zu ihm: »Geh und iss, trinke, schlafe und arbeite nicht, nur verlass dein Kellion nicht!« Er wusste nämlich, dass das Ausharren im Kellion den Mönch in seine rechte Ordnung bringt. (Apo 49)

Hier werden offensichtlich fundamentale biblische und asketische Grundprinzipien über Bord geworfen. Verzicht auf Askese, ja sogar Verzicht auf Nächstenliebe wird gefordert. Das Bleiben in der Zelle erscheint so wichtig, dass man daneben andere Gebote außer acht lassen kann.

In einem Väterspruch wird das Ausharren in der Zelle auf die Spitze getrieben. Man kann tun und lassen, was man will,

nur gib deinen Leib als Pfand den Mauern deiner Zelle![38]

Was führt die Mönche dazu, dem Bleiben in der Zelle eine so großes Bedeutung zuzuschreiben? Sie wollen den Bedrängten daran hindern, vor sich und seiner Versuchung davonzulaufen. Gerade wenn es in einem brodelt, wenn es unangenehm wird, alles in einem zu explodieren droht, gerade dann muss man in der Zelle bleiben. Denn nur durch das Bleiben kommt man an die Wurzel seiner inneren Probleme. Irgendwann muss jeder einmal durch den eigenen Tiefpunkt, um zum Eigentlichen vorzustoßen. Aus der Zelle zu gehen und sich in Aktivitäten zu flüchten, würde einen um die Chance bringen, zu dieser Tiefe durchzudringen. Evagrius nennt das Beispiel des Weines, den man lange Zeit am gleichen Ort ohne Erschütterung lagern muss. Nur so wird er rein und wohlschmeckend.[39]

Johannes Cassian beschreibt diese Erfahrung mit einem anderen Bild:

Es ist nun kein Wunder, wenn einer, der in der Zelle bleibt, wo die Gedanken gleichsam in dem engsten Verschlusse gesammelt sind, fast erstickt wird von der Menge der Ängste, die aber, sobald sie mit dem Menschen aus dem Gefängnisse der Wohnung hervorbrechen, wie zügellose Pferde überall umherfliegen. Für den Augenblick nun, so lange sie wie aus Ställen hinauseilen, schöpft man irgend einen kurzen und traurigen Trost. Wenn nun aber der Körper in die eigene Zelle zurückgeht und die ganze Schar der Gedanken wieder wie zum Sitzen kommt, so erregt der Genuss der eingewurzelten Freiheit nur ärgere Stacheln. Wenn also bei jenen, welche mit den Reizungen ihrer Triebe noch nicht kämpfen können oder wollen, der Überdruss die ungewohnte Brust heftiger angreift, so dass sie in der Zelle voll Angst sind und nun mit Nachlass der strengen Regel sich öfter die Freiheit erlauben, herauszugehen, so werden sie sich durch diese vermeintliche Mittel nur ei-

ne ärgere Pest aufwecken, wie ja auch manche glauben, sie könnten durch einen Schluck sehr kalten Wassers die Gewalt des innerlichen Fiebers dämpfen, während im Gegenteil feststeht, dass dies Feuer hierdurch mehr entflammt als beruhigt werde, und so auf jene augenblickliche Erleichterung eine umso heftigere Bedrängnis folgt.[40]

Erst muss der innere Konflikt bis zur Spitze getrieben werden, ehe er gelöst wird. Das Fieber muss an der Wurzel geheilt werden, Symptombehandlungen tragen nicht weit genug.

Eine weitere Hilfe im Kampf gegen die acedia ist der Gedanke an den eigenen Tod:

Unser heiliger und erfahrener Lehrer sagte: Der Mönch muss sich immer bereit halten, als ob er morgen sterben würde, und umgekehrt muss er seinen Leib benutzen, als ob er mit ihm viele Jahre lebe. Das, so sagt er, vertreibt einerseits die Gedanken der acedia und macht den Mönch eifriger, andererseits hält er seinen Leib bei guter Gesundheit und bewahrt seine Enthaltsamkeit immer gleich. (P 29)

Das Denken an den Tod treibt den Mönch nicht in noch größere Traurigkeit, im Gegenteil: es befreit ihn davon. Mitten in der großen Bedrängnis könnte der Tod sogar als Erlösung erscheinen. Doch das betrachten die Mönche als eine Versuchung, Gott als den Geber des Lebens zu lästern. Daher ist der Gedanke an den Tod nur fruchtbar, wenn man sich nicht gesundheitlich zugrunde richtet, sondern in der Spannung lebt, jeden Tag bereit zu sein zu sterben und zugleich seinen Körper so zu halten, als ob er 100 Jahre alt würde.

Evagrius rät ferner für den Kampf gegen die acedia zu einem geregelten Leben. Wer seinem Leben eine feste Ordnung gibt, klug angeordnet im Wechsel von Gebet und Arbeit, Spannung und Entspannung, der überwindet die Anfechtung der acedia. So sagt Evagrius:

Acedia wird geheilt durch Selbstüberwindung und dadurch, dass man alles mit großer Sorgfalt und Gottesfurcht tut. Zu jedem Werke setze dir Zeit und Maß fest und höre nicht eher auf, als bis du es vollendet hast, und bete häufig und innig, und der Geist der acedia wird von dir weichen. (Geister: PG 79, 1160)

Ein geordnetes Leben bringt auch in das innere Durcheinander eine gewisse Ordnung. Die äußere Ordnung bewahrt einen davor, der Unordnung des eigenen Unbewussten ausgeliefert zu sein. Poimen drückt das so aus:

Wenn der Mensch Ordnung einhält, dann wird er nicht verwirrt. (Apo 741)

Die Seele, die in der acedia ihre Spannkraft verloren hat, gewinnt durch eine äußere Ordnung die innere Spannung zurück, die für ihre Gesundheit notwendig ist.

Gegen die *Ruhmsucht* zu kämpfen, hält Evagrius für sehr schwierig, da jeder Sieg über dieses Laster der Anlass zu neuem Rühmen wird. (Vgl. P 30) Der eigentliche Sieg über die Ruhsucht kann nicht durch einen willentlichen Vorsatz errungen werden, sondern nur durch Erfahrung:

Wer die Gnosis (Erkenntnis) erlangt hat und die Freude, die daraus fließt, verkostet hat, der wird nicht mehr vom Dämon der Ruhmsucht versucht werden, der ihm alle Freuden der Welt vor Augen hält. Was könnte er ihm auch Größeres versprechen als die geistige Schau. Solange wir jedoch die Gnosis nicht gekostet (erfahren) haben, wollen wir eifrig die Praxis üben, indem wir Gott zeigen, dass es unser einziges Ziel ist, alles um seiner Erkenntnis willen zu praktizieren. (P 32)

Wer Gott erfahren hat, der hat es nicht nötig, sich vor den Menschen zu rühmen. Er ist geheilt von der Sucht, sich vor den Menschen groß zu tun. Wem Gott aufgegangen ist, dem ist jedes menschliche Rühmen vergangen. Doch wer diese Erfahrung nicht gemacht hat, der soll sich an die Askese halten, an all die Praktiken, die die Mönche einem raten. Cassian meint, ein wirksames Mittel gegen die Ruhmsucht sei, sich an die Regel der Väter zu halten, nichts anderes zu tun, als die Väter vorgelebt haben. Diesen Rat gibt auch Benedikt in der 8. Stufe der Demut:

Die 8. Stufe der Demut ist, wenn der Mönch nichts tut, was nicht die gemeinsame Regel des Klosters und das Beispiel der Vorfahren rät. (RB 7)[41]

Dann hält man sich und seine Erfolge nicht für außergewöhnlich, sondern weiß sich als schwachen Mitstreiter in der großen Schar der Mönche. Vor allem stößt man durch den Versuch, sich an eine von anderen vorgelebte Regel zu halten, ständig an die eigenen Grenzen.

Gegen den Dämon des Stolzes richtet sich folgender Rat:

Erinnere dich deines früheren Lebens und deiner al-
ten Fehler, wie du den Leidenschaften unterworfen
warst, du, der durch die Barmherzigkeit Christi zur
Leidenschaftslosigkeit gelangt bist, wie du aus der
Welt gezogen bist, die dich oft und häufig gedemü-
tigt hat. Überlege auch Folgendes: Wer ist es, der
dich in der Wüste beschützt? Wer hält die Dämonen
fest, die mit den Zähnen gegen dich knirschen? Sol-
che Gedanken erzeugen Demut und schließen das
Tor für den Dämon des Stolzes. (P 33)

All diese Gedanken sollen einen zu der Einsicht
führen, dass das Gute in uns Geschenk Gottes ist,
über das wir uns zwar freuen sollen, das wir aber
doch immer als Geschenk und nicht als eigenes
Verdienst betrachten müssen. Wer sich so betrachtet, hat zu sich selbst eine gesunde Distanz. Er hat
durchaus einen Blick für seine Stärken, aber er
weiß, dass ihm seine Stärken geschenkt sind, gegeben als Aufgabe, die zugleich Verantwortung
bedeutet.

V. Zeichen für den Sieg über die Dämonen

Der Zustand, der durch den Sieg über die Dämonen erreicht wird, wird von den monastischen Autoren verschieden genannt. Für Cassian ist es die Reinheit des Herzens, für Benedikt die Demut, für Athanasius die *ataraxia*, die Gelassenheit und Ausgeglichenheit, für Evagrius die *apatheia*, die Leidenschaftslosigkeit. Hier seien nur ein paar Zeichen dieses Zustandes genannt, die Evagrius sie in seinem Praktikos beschreibt.

Ein erstes Zeichen für die *apatheia* ist für Evagrius das Beten ohne Zerstreuung. Es ist Zeichen für die höchste Aktivität des Verstandes, wenn jemand zu beten vermag, ohne abgelenkt zu werden. Der Verstand ist dann bei sich, nicht mehr getrübt durch Emotionen. Er ist fähig, Gott zu schauen. Das Hin und Her der Emotionen hat aufgehört. Der Mensch hat zu sich selbst gefunden, nicht zu einem gefühllosen Zustand, sondern zu einer Verfassung, in der er mit seinen Gefühlen zur Ruhe kommt, weil sie ganz auf Gott gerichtet sind.

Ein Beweis für die apatheia ist, wenn der Verstand anfängt, sein eigenes Licht zu sehen, wenn er gegenüber den Phantasiebildern im Schlaf ruhig bleibt und die Dinge gelassen anschaut. (P 64)

Der Verstand sieht sein eigenes Licht. Diese Idee ist ein wesentliches Thema evagrianischer Mystik. In der Sprache Jungs würde das bedeuten: Der Mensch hat zu seinem Selbst gefunden, er ist sich seines Personenkerns bewusst geworden. Er hat in sich ein Bild seines Selbst. Die Freiheit von Phantasiebildern ist ein Zeichen, dass das Unbewusste genügend integriert ist, so dass es keinen störenden Einfluss mehr ausübt. Die Dinge gelassen anschauen, das erklärt Evagrius an einer anderen Stelle noch näher:

Genau wie ein Spiegel von den Bildern nicht befleckt wird, die er widerspiegelt, so bleibt die leidenschaftslose Seele unbefleckt durch die Dinge dieser Welt.[42]

Der Mensch erkennt die Dinge, aber sie rühren in ihm nichts auf. Man könnte sagen: Es ist ein Mensch, der die Dinge sieht, ohne dass er seine eigenen Emotionen und Wünsche in sie hineinprojiziert. Er kann die Dinge gelassen sehen, unvermischt und unbefleckt von seinen Projektionen. Weil er seine Projektionen zurückgenommen hat, rühren die Dinge in ihm nicht die Emotionen und Triebe auf, die auf dem Grund einer jeden Projektion verborgen liegen. Wer die Dämonen besiegt hat, für den ist die Welt »entdämonisiert«. Die Dämonen können gegen ihn nicht mehr mit den Dingen dieser Welt kämpfen. Der Mönch erkennt die Dinge, wie sie sind. Er hat durch seinen Sieg über die Dämonen die Dinge zu sich selbst befreit.

Die Seele besitzt die apatheia, wenn sie nicht bloß leidenschaftslos gegenüber den Dingen bleibt, son-

dern auch ohne Unruhe (ataraxos) gegenüber den Erinnerungen. (P 67)

Nicht nur die Beziehung zu den Dingen und Menschen der Gegenwart ist in Ordnung, sondern auch die gegenüber der Vergangenheit. Wer die Dämonen besiegt hat, hat damit seine Vergangenheit geheilt, er hat seine eigene Lebensgeschichte geheilt. Die Erinnerungen sind nicht mehr Wunden, die ständig seine Probleme aufrühren, sie sind nicht mehr Ursache für seine Projektionen, sondern sie sind geheilt, sie verursachen keine Verwirrung, keine Verbitterung, keine Ressentiments mehr. All die Hassgefühle und Bitterkeiten, die wir als Reaktion auf unsere Kränkungen aufgebaut haben, wurden ans Licht gelassen. So konnte Gott sie heilen. Nun vergiften sie unser Leben nicht mehr. Sie haben ihre Wirkungskraft verloren. Die Vergangenheit ist angenommen. Und so können die Dämonen sie nicht mehr benutzen, um uns zu verwirren und zu ängstigen, um Ärger, Zorn oder Traurigkeit in uns hervorzurufen. Und weil die Vergangenheit geheilt ist, können wir ohne Zerstreuung zu Gott beten. Die Erinnerungen an die eigenen Wunden tauchen nicht mehr im Gebet auf, um uns von Gott abzuhalten. Wir sind fähig, ganz gegenwärtig zu sein, uns ganz dem gegenwärtigen Gott zu öffnen.

Schluss

Aus der Beschreibung des Dämonenkampfes durch Evagrius Ponticus, Athanasius und Johannes Cassian können wir erkennen, dass die alten Mönche eine intensive Erfahrung im Umgang mit dem Bösen, im Umgang mit dem Schatten, mit den Inhalten des Unbewussten hatten. Ihre mythologische Sprache, die die Gefährdung durch das Böse als Anfechtung durch die Dämonen beschrieb, war ihnen dabei eine Hilfe, mit dem umzugehen, was C. G. Jung den eigenen Schatten oder das persönliche und kollektive Unbewusste nennt. Die Mönche konnten die Gefährdungen benennen, die ihnen durch unbewusste Inhalte drohten. Sie verdrängten sie nicht, sondern ließen sie ans Licht, sie stellten sich ihnen, gingen mit ihnen um und raubten ihnen so ihre Gefährlichkeit. Wir würden heute diese Gefährdungen in unserer psychologischen Sprache anders bezeichnen. Doch auch die Psychologie kann mit ihrer empirischen Sprache nicht erfassen, was hinter den Gefährdungen steht. Die mythologische Sprache lässt hinter allem psychologisch Verstehbaren noch Raum für das nicht mehr Greifbare, für das bloß Erahnbare. Und diese Wirklichkeit, die in den Bildern und Begriffen der Mythologie aufscheint, kann nicht auf rein psychologische Tatbestände reduziert werden. Die Psychologie kann nur den empirisch erkennbaren Widerschein dieser Wirklichkeit beschreiben, doch die Wirklichkeit selbst entzieht sich ihrem Griff. Wir erfahren auf unserem Weg zu Gott immer wieder auch eine Faszination durch das Böse, wir erleben, wie uns das Böse in seinen Bann ziehen will. Die Mechanismen, die dabei in uns ablaufen, und die Phänomene, die psychisch und physisch auftreten, kann die Psychologie beschreiben. Doch was hinter dieser Faszination steht, das Geheimnis des Bösen, das in den Religionen und Philosophien und Mythen aller Völker immer wieder umschrieben wird, das bleibt auch für die psychologische Forschung etwas Unfassbares.

Die mythologische Sprache der alten Mönche will die Dinge nicht in den Griff bekommen, sondern nur helfen, richtig mit ihnen umzugehen. C. G. Jung meint, viele neurotische Störungen würden dadurch verursacht, dass es in unserem Unbewussten Inhalte gibt, für die wir heute keine Sprache haben. Weil sie nicht an- und ausgesprochen werden, können sie nicht bewusst gemacht werden und wirken sich daher störend auf unser Bewusstsein aus. Wenn die Mönche vom Kampf mit den Dämonen sprechen, wenn sie die verschiedenen Anfechtungen, wenn sie Triebe und Emotionen und die Ursachen der Emotionen benennen, so bringen sie Inhalte zur Sprache, die im Unbewussten eines jeden Menschen verborgen liegen und von dort aus auf das Bewusstsein wirken. Jung hält es für richtig und unserer psychischen Gesundheit für zuträglich, dass wir von der Auseinandersetzung mit dem Unbewussten auch heute noch in mythologischen Bildern und religiösen Begriffen sprechen,

weil sie instrumentelle Symbole darstellen, mittels welcher unbewusste Inhalte ins Bewusstsein übergeleitet und dort gedeutet und integriert werden können. Geschieht dies nämlich nicht, so fließt deren oft beträchtliche Energie auf normalerweise wenig betonte, bewusste Inhalte ab und erhöht deren Intensität zu pathologischen Graden. Daraus entstehen scheinbar grundlose Phobien und Obsessionen, wie überspannte Ideen, Idiosynkrasien, hypochondrische Vorstellungen und intellektuelle Perversitäten, die sich je nachdem sozial, religiös oder politisch tarnen.[43]

Die Mönche bringen in ihrer Beschreibung des Dämonenkampfes eine Wirklichkeit zur Sprache, die wir uns alle zu stellen haben. Auf unserem Weg zu Gott erfahren wir, dass in uns vieles ist, das uns von Gott abhalten will. In uns sind Triebe, begehrliche Wünsche, überzogene Bedürfnisse, Machtgelüste, negative Emotionen, die uns blind machen für die Realität, heftige Affekte, die uns durcheinanderbringen und uns den Blick für Gott verstellen. Die Mönche haben erfahren, dass man nicht zu Gott kommen kann, ohne sich diesen Trieben und Emotionen zu stellen. Man kann sie nicht verdrängen, man muss sie sich eingestehen und mit ihnen umgehen. Der Umgang mit dem Bösen hat dabei verschiedene Formen. Einmal lässt man es in sich ein, um es genau beobachten und dadurch überwinden zu können, ein andermal gibt es nur die Möglichkeit, das Negative einfach abzuschneiden, den Dämon zu vertreiben. Die Bedürfnisse, die in den Trieben zur Sprache kommen, müssen eingestanden und ihnen ein rechtes Maß zugestanden werden. Man muss ins Gespräch kommen mit seinen Wünschen und Affekten, um Ordnung in sie zu bringen. Dann stören sie uns nicht mehr in unserem Bemühen, uns für Gott zu öffnen und uns von Gottes Geist bestimmen und verwandeln zu lassen. Ganz gleich, wie wir all die Widerstände benennen, die uns von Gott und damit auch von unserer Selbstverwirklichung abhalten, entscheidend ist, dass wir uns diesen Widerständen stellen, dass wir nicht der Versuchung erliegen, sie im Überschwang eines wirklichkeitsvergessenen Idealismus gar nicht zu beachten oder zu verdrängen. Die alten Mönche können uns helfen, unsere Gefährdungen und Anfechtungen durch das Böse in uns zu erkennen und zu überwinden, mit ganzem Einsatz um innere Lauterkeit und vorbehaltlose Offenheit auf Gott hin zu ringen, damit unser Herz immer mehr für Gottes Geist und Gottes Liebe aufgebrochen wird.

Abkürzungen im Text

Ant Das Leben des heiligen Antonius, beschrieben vom hl. Athanasius, zitiert nach der Übersetzung von Hans Mertel, Kempten 1917.

Anti Evagrius Ponticus, Die große Widerrede (Antirrhetikos), übersetzt von Leo Trunk, mit einer Einführung von Anselm Grün und Fidelis Ruppert, Quellen der Spiritualität Bd. 1, Münsterschwarzach, 6. Auflage 2022.

Apo Apophthegmata Patrum, zitiert nach der Übersetzung von Bonifaz Miller, Freiburg 1965. Die Apophthegmata Patrum sind mittlerweile in einer neuen Bearbeitung erschienen: Apophthegmata Patrum, übersetzt und kommentiert von Erich Schweitzer, Teil I: Das Alphabetikon, Weisungen der Väter Bd. 14, Beuron 2012; Teil II: Die Anonyma, Weisungen der Väter Bd. 15, Beuron 2011; Teil III: Aus frühen Sammlungen, Weisungen der Väter Bd. 16, Beuron 2013.

Geister Evagrius Ponticus, Über die acht Geister der Bosheit, übersetzt von Stephan Schiwietz, in: Das morgenländische Mönchtum, 2. Teil. Mainz 1913. Patrologiae Cursus Completus. Series Graeca [PG] 79, 1145–1164 (dort noch fälschlicherweise Nilus zugeschrieben).

P Evagrius Ponticus, Capita practica ad Anatolium, PG 40, 1220–1252; hier folgen wir der kritischen Ausgabe in Sources. Chrétiennes Nr. 171f: Antoine und Claire Guillaumont, Evagre le Pontique Traité Pratique ou Le Moine, Paris 1971.

Anmerkungen

1 Albert Görres, Karl Rahner: Das Böse. Wege zu seiner Bewältigung in Psychotherapie und Christentum, Freiburg, 3. Aufl. 1984, S. 134.

2 Vgl. Richard Rohr, Andreas Ebert: Das Enneagramm. Die 9 Gesichter der Seele, München 1999.

3 Vgl. Alice Miller, Am Anfang war Erziehung, Berlin 2013.

4 Andrew Bard Schmookler, in: Die Schattenseite der Seele. Wie man die dunklen Bereiche der Psyche in die Persönlichkeit integriert, herausgegeben von Conny Zweig und Jeremiah Abram, München 1993.

5 Evagrius Ponticus, Brief 56, herausgegeben von Wilhelm Frankenberg, Berlin 1912, S. 604; zitiert bei Antoine Guillaumont, Traité 549. Die Briefe des Evagrius sind mittlerweile in einer aktuelleren Ausgbe erschienen: Evagrios Pontikos: Briefe aus der Wüste (Weisungen der Väter, Bd, 18), Eingeleitet, übersetzt und kommentiert von Gabriel Bunge, Beuron 2013.

6 Vgl. Antoine und Claire Guillaumont, Démon: Dictionnaire de Spiritualité, Paris 1957, S. 198.

7 Vgl. Evagrius Ponticus, De diversis malignis cogitationibus, in: Jacques Paul Migne. Patrologiae Cursus Completus. Series Graeca [PG] 79, 1209.

8 Marie Lousie von Franz, Spiegelungen der Seele. Projektion und innere Sammlung in der Psychologie Carl Gustav Jungs, Stuttgart 1978, S. 11.

9 Ebd. S. 26.

10 Carl Gustav Jung, Gesammelte Werke [GW], 8. Bd., Zürich 1967, S. 111.

11 Ebd. S. 111.

12 Ebd. S. 113.

13 Ebd. S. 420.

14　Vgl. ebd. S. 352.

15　Vgl. von Franz, Spiegelungen der Seele, S. 94.

16　Ebd. S. 96.

17　Jung, GW 8. Bd., S. 375.

18　Ebd. S. 374f.

19　Evagrius, De diversis malignis cogitationibus, PG 79, 1201.

20　Ebd. 1201.

21　Les sentences des pères du désert, nouveau recueil, herausgegeben von Lucien Regnault, Solesmes, 2. Aufl. 1977, S. 50; N 397.

22　Vgl. Liber gnosticus 135; herausgegeben von Wilhelm Frankenberg, Evagrius Ponticus, Berlin 1912; zit. bei Guillaumont, Traité 587.

23　Vgl. C. G. Jung, GW 7. Bd., Zürich 1964, S. 207f; C. G. Jung, Briefe III, Olten 1973, S. 225.

24　Jung, GW 8. Bd., S. 100; vgl. auch Jung, GW 3. Bd., Zürich 1968, S. 242ff. Jung beschreibt dort den Ausbruch der Schizophrenie bei einigen Patienten. Immer war ein Vorherrschen des Zornes, eine heftige Erregung Auslöser für das Absinken in Wahnvorstellungen. Vielleicht steht diese Erfahrung hinter der Identifizierung von Zorn und Dämonen bei Evagrius.

25　André Louf, Die Acedia bei Evagrius Ponticus: Concilium 10 (1974) S. 683.

26　Ebd. S. 683.

27　Ebd. S. 685.

28　Von Franz, Spiegelungen der Seele, S. 33.

29　Ebd. S. 34.

30　Ebd. S. 33f.

31　Vgl. C. G. Jung, GW 11. Bd., Zürich 1963, S. 104f; C. G. Jung, GW 7. Bd., S. 156f. Vgl. auch Anselm Grün, Das Wesen des Stolzes: Erbe und Auftrag 55 (1979) S. 365f.

32　Vgl. Apo 37.

33 Vgl. David Watson, Roland Tharp: Einübung in die Selbstkontrolle, München 1975, S. 201.

34 Vgl. Evagrius Ponticus: Tractatus ad Eulogium, PG 79, 1108.

35 Vgl. die Technik, die Jung empfiehlt, um mit dem eigenen Unbewussten zu reden: Jung, GW 7. Bd., S. 220ff; vgl. auch GW 8. Bd., S. 101f.

36 Basilius, Homilien über die Psalmen I, 2; PG 29, 212 C; zit. bei Antoine Guillaumont, Traité 538.

37 Vgl. Hildegund Fischle-Carl, Fühlen was Leben ist. Die Bedeutung der Gefühlsfunktion, Stuttgart 1977, S. 38f. und 44; ferner C. G. Jung, GW 7. Bd., S. 220ff.

38 Vgl. Les sentences des pères du désert, troisième recueil, herausgegeben von Lucien Regnault, Solesmes 1976, S. 141f., AM S. 22, 14.

39 Vgl. Evagrius Ponticus, Rerum monachalium rationes: PG 40, 1257.

40 Johannes Cassianus, 24 Unterredungen mit den Vätern, übersetzt von Karl Kohlhund, Kempten 1879, Unterredung 24, S. 5. Die Unterredungen Cassians sind mittlerweile in einer aktuelleren Ausgbe erschienen: Johannes Cassian: Unterredungen mit den Vätern. Collationes Patrum. übersetzt und erläutert von Gabriele Ziegler. Teil I: Collationes 1 bis 10, Quellen der Spiritualität Bd. 5, Münsterschwarzach, 2. Aufl. 2018; Teil II: Collationes 11 bis 17, Quellen der Spiritualität Bd. 9, Münsterschwarzach 2014; Teil III: Collationes 18 bis 24, Quellen der Spiritualität, Bd. 12, Münsterschwarzach 2015.

41 Die Regel des heiligen Benedikt, herausgegeben im Auftrag der Salzburger Äbtekonferenz, Beuron, 17. Aufl. 2006.

42 Evagrius Ponticus, Kephalaia gnostica, herausgegeben von Antoine Guillaumont, Paris 1958, V, 64; zitiert bei Antoine Guillaumont, Traité 649.

43 C. G. Jung, GW 9. Bd. II, Olten 1976, S. 181f.